하나님을 배워 가는 그곳

허밍홈

염평안 지음

소북소북

하나님을
배워 가는
그곳

Humming Home

| 프롤로그 |

마흔둘.

스무 살이 지나서 그렸던 나이와 관련된 환상들이 있었다. 예를 들면 서른이 되면 결혼을 하고 아이가 태어났을 것 같다든지, 마흔이 넘으면 가정도 그렇고, 경제적으로도 안정적인 삶을 살고 있겠지 하는 그런 환상.
그건 그야말로 '환상'이었다.

스물일곱에 일찍 결혼을 했으니 서른의 환상은 어느 정도 이룬 셈이었지만, 스물아홉에 겪은 둘째 아이의 유산, 이듬해 찾아온 쌍둥이들이 29주 만에 세상에 나오면서 치러야 했던 수많은 일들은 서른의 환상을 와장창 깨버렸다.
그리고 10년 후 마흔. 나는 별일 없던 교직 공무원의 삶을 버리고 기꺼이 날마다 불안한 프리랜서가 되었다. 20대 때는 몰랐던 '알 수 없는 내일에 대한 불안함'이 마흔이 되어서야 찾아와 나를 압박하기 시작했다. 그 불안함은 코로나19라는 엄청난 시대적 변화와 맞물려 나를 강하게 압박했다. 사직서가 수리되던 그 주에 다음 달부터 예정되어 있었던 스무 개 정도의 공연이 모두 취소되었고, 나는 장모님께서 프리랜서 뮤지션이 된 것을 축하하며 괜찮다 하는데도 굳이 사 주신 1인용 리클라이너에 다리를 뻗고 앉아 신세 한탄을 하기 시작했다. 어디에도 말할 수 없는, 심지어 아내에게도 말 못 할 불쌍한 내 신세를 가여워하며 나는 많은 시간 눈물을 훔쳤다. 그러다가 내 지난날들을 돌아보기 시작했다.

생각해 보니 내 인생에 결혼이 그렇게 빨리 찾아올 거

라고는 생각하지 못했다. 아니, 내가 결혼을 한 것부터가 참으로 신기하고, 감사한 일이었다. 외동아들로 자라 외로움을 많이 느꼈기에 결혼을 하면 아이를 많이 낳고 싶다는 생각을 해 보긴 했지만, 내가 세 아이의 아빠가 되리라고는 예상하지 못했다. 첫 아이를 낳고 나서는 아이를 많이 낳겠다는 계획은 전면 수정에 들어가야 마땅한 그런 생각이라고 여겼다. 하지만 그 역시 계획대로 되지는 않았다.

계획대로 되지 않는 인생을 살아왔다는 것은 다른 한편에서 보면 그리 준비할 수 있는 인생도 아니었다는 이야기. 나는 결혼에 대해 잘 몰랐고, 부모가 되는 것이 어떤 삶인지 상상조차 해 보지 않았던 것 같다. 얼마나 많은 수고와 희생이 필요한지, 어떤 대가가 따르는지 미리 알았더라면, 이 삶을 시작하리라고 쉽게 마음먹을 수 있었을까? 아마 지금 나에게 다시 20대로 돌아가서 연애를 하고, 결혼을 하고, 아이를 낳으라고 한다면 나는 이 과정 중에서 그 어떤 부분도 쉽사리 마음먹지 못할 것 같다. (오해하지 마시라. 아내는 너무 좋은 사람이다.)

그러나 결혼과 육아는 나에게 새로운 세상을 열어 주었다. 가족들과 함께하는 사소한 일상들이 주는 깨달음들은 노래의 모티브가 되었고, 특별할 것 없는 하루가 특별해졌으며, 별것 아닌 일들이 나를 웃게 만들었다. 그리고 무엇보다 가장 좋았던 것은 가족을 통해 하나님의 마음을 배워 가게 되었다는 것.

요즘 비혼주의자나 비출산주의자가 많다는 뉴스를 종종 접하게 된다. 사랑하는 사람과의 연애는 좋지만 결혼은 부담스럽다는 비혼주의자, 둘만의 결혼생활은 좋지만 출산과 육아는 부담스럽다는 비출산주의자. 그들이 그런 선택을 하게 만드는 여러 상황과 이유가 있을 것이다. 그러나 만약 결혼과 출산, 육아에 대한 막연한 두려움 때문에 주저하고 있다면, 이렇게 말해 주고 싶다.

"결혼으로 인해 맛보게 되는 행복과 성장을, 부모로서 누리는 깊은 사랑, 하나님의 섭리와 그 가치를 누려 보라고. 번거롭지만 풍요롭고, 나이가 들지만 더 아름다워지는 역설의 삶을 누려 보라고."

특별할 것 없는 내 삶에 찾아오셔서 가족을 통해 많은 것들을 깨닫게 해 주신 하나님 덕분에 감히 이렇게 권해 본다. 이제 그분이 허락하신 소소한 일상 속 이야기들과 노래들을 꺼내 보려고 한다.

Track List

프롤로그	7
Track 1. 물결	14
Track 2. 사랑은	18
Track 3. 기다렸단다	22
Track 4. 눈물로 지으신 이름 예수	27
Track 5. 하나님의 마음	32
Track 6. 한결이에게	36
Track 7. 내 이름을 불러 주세요	41
Track 8. ⋯⋯	46
Track 9. ⋯⋯	48
Track 10. 그날의 고백	50
Track 11. **하나님 내 삶에**	55
Track 12. 주만 바라봅니다	60
Track 13. **너에게 들려주고픈 이야기**	66
Track 14. **요게벳의 노래**	71
Track 15. ⋯⋯	79

Track 16. **천하고 천한** 80
Track 17. ⋯⋯ 85
Track 18. **아빠는 너를 너무 사랑해** 86
Track 19. ⋯⋯ 92
Track 20. ⋯⋯ 94
Track 21. **흔들흔들** 96
Track 22. ⋯⋯ 104
Track 23. ⋯⋯ 107
Track 24. **그대의 손** 111
Track 25. ⋯⋯ 115
Track 26. **시작** 119
Track 27. **주의 은혜** 124
Track 28. **엄마 작아지지 마요** 132
Track 29. **인생** 137
Track 30. ⋯⋯ 144

에필로그 148

Track 1

2007년, 나는 아내와 2년간의 연애를 마치고 결혼을 했다. 결혼을 하고 제일 좋았던 것 중 하나는 더 이상 헤어지지 않아도 된다는 점이었다. 연애할 때는 아무리 함께 있는 시간이 길어도 헤어질 시간이 다가오면 늘 아쉬웠는데, 결혼은 이 아쉬움을 한방에 날려 주었다.

특히 결혼 초에는 내가 이렇게 말이 많았나 싶을 정도로 많은 이야기를 나누었다. 2년이란 연애 기간 동안 서로에 대해 충분히 안다고 생각했었는데, 결혼을 하고 나니 또 새롭게 알아 가는 부분들이 많았다. 무엇보다 대화 속에서 서로를 더 이해하게 되는 날이면, 결혼을 통해 하나님께서 우리에게 주신 은혜에 참 감사했다.

그날도 우리는 시간 가는 줄 모르고 대화를 나누었다. 일찍 잠자리에 들려고 했지만, 우리의 수다는 잠을 몰아냈다. 내일 출근해야 한다는 사실은 잠시 접어 두고, 별다를 것 없었던 오늘 하루에 대해 나누며 낄낄대기도 했다. 신혼여행에서 내가 엎어 버렸던 소중한 컵라면 사건은 우리의 단골 대화거리였다.

지금과는 비교할 수 없는 체력이 있었고, 서로를 알아가고 싶은 마음과 신혼의 설렘이 남아 있던 그때, 그렇게 우리는 밤늦게까지 이야기를 나누었다. 그리고 자연스레 우리의 지난 이야기도 꺼내게 되었다. 아버지를 일찍 여의고 이래저래 마음고생했던 아내, 가난한 시골집 외아들로 태어나 외롭고 쓸쓸했던 시간들을 보냈던 나. 이 둘이 만나 함께했던 지난 2년의 시간들.

문득 아내가 이런 말을 했다.
"지금까지 열심히 살아왔다고 생각했는데, 그게 아닌 것 같아. 하나님께서 여기까지 흘러오게 하신 것 같아."
우리는 하나님의 은혜의 물결로 여기까지 왔음을 고백하게 되었다.

지금 우리는 어디쯤 흘러가고 있을까?

하나님께서 허락하신 시간까지 함께 흘러갈 우리에게는 또 어떤 날들이 펼쳐지게 될까?

난 흘러가네
주 일으키신 물결 따라
흐르네 흐르네
난 흘러가네

난 흘러가네
주 걸어가신 그 길 따라
흐르네 난 흘러가네

오직 주의 은혜로 흘러온 나의 삶
오직 주 인도하심 따라
또 흘러가리라

내 뜻 아닌 그 길도 난 걸어가리라
내 길 아시는 주의 손길
난 신뢰하네

"물결"
(아름다운세상 3집, 그 이름 예수)

Track 2

 2년간의 긴(?) 연애, 좋지만 피곤했다. 평균적인 눈치를 가지고 있지 못한 나에게 연애는 몹시 고급스러운 인간관계를 맺는 활동이었다. 좋을 때는 문제가 되지 않았지만, 뭔가 의견 충돌이 있거나 당황스러운 상황이 생기면 나는 늘 어쩔 줄 몰라 했다. 특히나 여자 친구의 표정이나 말투에서 뭔가 어색한 점들이 발견되기 시작하면, 그때부터 나는 눈치 모드를 발동했다. 아직도 억울하고 새삼 피곤한 것은 눈치 없는 내가 눈치를 정말 많이 보는 사람이리는 것이다. 그러니 때때로 연애가 굉장히 피곤하게 느껴졌다. 도대체 상대방이 무슨 생각을 하는지, 다툰 상황에서는 어떤 말과 행동을 해야 하는지, 지금까지 내가 경험해 보지 못한 상황들이 많았다. 그러면서도 나는

'결혼하면 달라질 거야.'라는 막연한 생각을 하며 그 시간들을 보냈던 것 같다.

결혼을 하고 나니 많은 것이 달라졌지만, 내 생각만큼은 아니었다. 결혼 후 1년 동안 정말 치열하게 싸웠다. 평화주의자인 내가 싸움을 하다니! 지금 생각해도 믿기지 않을 정도로 우리 부부는 많은 전투를 벌였다. 그런데 이상한 것은 그 전투의 원인이 지금은 하나도 기억나지 않는 정말 사소한 것들이었다는 점이다.

그날도 뭐 때문에 싸웠는지 잘 기억나지는 않지만, 어쨌든 우리는 전투를 벌였다. 그리고 잠시 각자의 시간을 가졌다. (보통 이럴 경우 아내는 재빨리 종전 협정을 맺길 원하고, 나는 생각할 시간을 갖길 원했다.) 상한 마음을 돌아보거나, 또는 더 상하게 하는 그 시간. 우리가 도대체 왜 싸웠을까 생각해 보니, 문득 우리 부부가 싸우게 되는 이유는 매번 달랐지만 자세히 들여다보면 그 근본적인 원인이 좀 비슷하다는 생각이 들었다.

나는 왜 나를 믿어 주지 않냐고 성을 내고, 아내는 믿음을 줘야지 믿는 거 아니냐며 맞섰다. 나는 기다리게 했고, 아내는 기다려 주지 않았다. 아내는 다시 내 손을 잡기 원했지만, 나는 손 내미는 방법을 잘 몰랐다.

아, 이런 심오한 깨달음이 하필 부부싸움 후에 찾아오다니······.

그때 갑자기 가사와 멜로디가 떠올랐다. (이 두 가지가 동시에 찾아오는 날은 거의 없다.)

우물쭈물하며 아내가 있는 방으로 들어가 아내의 등을 톡톡 치며 말했다.

"할 말이 있어. 미안한데, 내가 노래를 하나 만들었어. 들어 볼래?"

그러자 아내는 어이가 없다는 표정으로 말했다.

"어디 한번 해 봐."

나는 노래를 들려주었고, 아내는 웃었다. 등짝 스매싱 한 대로 우리는 사이좋게 화해했다.

사랑은 믿는 것
믿음을 주는 것

사랑은 손 내미는 것
손 잡아 주는 것

사랑은 기다리는 것
기다리지 않게 하는 것

사랑은 주는 것
바라지 않는 것

"사랑은"
(염평안, HOME part. 1)

Track 3

　결혼을 하고 6개월쯤 지났을까? 우리 부부는 천천히 2세 계획을 세우기 시작했다. 외아들로 외롭게 자란 나는 적어도 세 명은 낳았으면 좋겠다고 했고, 위에 오빠가 한 명 있는 아내는 적어도 둘은 낳고 싶은데 그 둘이 남매가 아니라 자매나 형제면 좋겠다고 했다. 우리 힘으로는 할 수 없는 부질없는 이야기였지만, 이런 이야기를 나누는 것 자체가 즐겁고 설레었다.

　아홉 남매 중 셋째로 태어난 아버지는 어린 시절부터 가족을 부양하느라 온갖 고생을 다 하셨고, 어머니와 결혼하던 스물아홉에는 가족이 10명 정도였다고 한다. 병세가 심각하셨던 할아버지와 할머니, 그리고 어린 삼촌들과 고모들도 같이 살았기에, 아버지는 한 명만 낳아서 잘 키우자는 생각을 하셨던 것 같다. 때마침 "딸, 아들 구별 말고 둘만 낳아 잘 기르자!", "잘 키운 딸 하나 열 아들 안 부럽다!"던 정부의 정책에 편승하여 아버지와 어머니는 그렇게 나를 외아들로 키우셨다.

철부지 어린 시절에는 외로운지 몰랐다. 해 질 녘까지 놀고도 아쉬운 마음으로 헤어졌던 동네 친구들, 형, 누나들과 가족같이 지냈기에, 어딜 가든 외롭지 않았다. 또 집에 돌아오면 나이 차가 많이 나지 않는 삼촌들과 시간을 보냈다. 하지만 고등학생이 되었을 때, 할머니가 작은아버지 집에 가시고 삼촌들과 고모들마저 독립을 했다. 그리고 때마침 찾아온 사춘기와 함께 깊은 외로움이 나를 짓눌렀다. 친구들과 속마음을 나눴지만 그게 내 마음을 채우지는 못했다. 가난했던 집안 사정과 부모님과의 사사로운 갈등은 누구와도 나눌 수 없었다.

그제야 나는 형제의 빈자리를 실감했다. 주변에 있는 사이좋은 형제, 남매들을 보면 그렇게 부러울 수가 없었다. 그때부터였던 것 같다. 결혼을 하면 아이를 많이 낳아야겠다고 생각했던 게.

그렇게 아내와 나는 아이를 가질 계획을 세우고 준비를 하기 시작했다. 하지만 아이는 빨리 찾아오지 않았다. 피임을 하지 않으면 무조건 아이가 생길 거라고 생각했던 무지함은 우리를 너무도 당황하게 했다. 하루가 멀다 하고 쏟아져 나오는 난임 관련 뉴스가 눈에 크게 들어오고, 이러다가 하나님께서 영영 우리에게 아이를 허락하시지 않으면 어떡하나 하는 생각에 눈물을 쏟기도 했다.

우리 부부는 아이를 위해 간절히 기도하기 시작했다. 그리고 몇 달 후 조바심에 전전긍긍할 무렵, 아이가 찾아왔다.

아내와 함께 산부인과에 가서 아이의 심장 소리를 듣는데, 기분이 묘했다. 정말 우리에게 아이가 찾아왔구나, 하나님께서 우리에게 새 생명을 보내 주셨구나 생각하며 감사를 드렸다. 그리고 집에 와서 산부인과에서 받아 온 CD를 컴퓨터에 넣고는 몇 번이나 그 심장 소리를 들으며 아내와 함께 행복을 누렸다.

그때부터 아이를 향한 사랑이 시작되었다. 아이가 태어

나기 전부터, 아이를 보기도 전에 우리의 사랑은 이미 시작되었다. 아이의 목소리를 듣기도 전에 아이를 향한 계획도 세웠다. 이름은 뭐가 좋을지, 누구를 닮았을지 생각하며 아이와의 만남을 준비했다.

생각해 보니 이 마음은 우리를 향한 하나님의 사랑과 닮은 듯했다. 우리가 하나님을 알기 전에 우리를 향한 하나님의 사랑은 이미 시작되었다. 우리가 하나님을 사랑하기도 전에 그분은 자신의 아들을 내어 주시기까지 우리를 사랑하셨다.

아이를 향한 우리의 사랑이 하나님의 그 사랑을 닮았음을 깨달은 순간, 아이에게 우리가 받은 하나님의 사랑을 전해 주고 싶어졌다.

기다렸단다 오래전부터
너의 모습을 보기 전부터
기다렸단다 아주 많이
너의 목소릴 듣기도 전에

널 향한 나의 사랑은
그렇게 시작되었어
알기도 전에 시작된 사랑
누군가 내게 주었던 사랑
그 사랑 너에게 줄 거야

"기다렸단다"
(아가에게-엄마가 들려주는 축복의 노래)

Track 4

아이가 찾아온 후, 아빠가 된다는 게 아직 실감이 나지 않는 나에 비해 아내는 훨씬 더 소중한 생명을 품고 있다는 생각을 많이 하는 것 같았다. 그리고 나보다 더 성숙해져 갔다. (글을 쓰고 보니 아내는 한 번도 나보다 미성숙한 적이 없다고 생각할 것 같다.)

요즘은 '태명'이라고 해서 아이가 엄마 배 속에 있을 때 이름을 지어서 부르는 부부들이 많다. 우리 부부도 그렇게 해 볼까 생각했지만, 아내와 나는 그러지 말고 아이의 이름을 미리 지어서 그 이름을 부르며 아이를 기다리고, 태교도 하기로 했다.

하지만, 아이의 이름을 짓는 것은 쉽지 않았다. 회사나,

가게도 작명하는 것이 쉽지 않겠지만, 무엇과도 바꿀 수 없는 사랑하는 아이의 이름을 짓는 것은 더더욱 신중해질 수밖에 없었다. 아마도 모든 부모들이 이름에 좋은 의미를 담아 아이가 그 이름의 뜻처럼 살아가기를 바라는 마음으로 이름을 지을 것이다.

우리는 오랜 시간 고민 끝에 '한결'이라는 이름으로 결정했다. '한결'이라는 이름에는 하나님과 사람 앞에서 늘 한결같은 사람이 되기를 바라는 우리 부부의 간절한 마음이 담겨 있었다.

시간이 흘러 2008년 여름, 드디어 한결이가 태어났다. 그렇게 우리는 부모가 되었고, 사랑하는 아이를 가족으로 맞이하며 정신없는 초보 엄마, 초보 아빠의 삶을 살기 시작했다.

산후조리 기간을 마치고 난 후, 아이를 데리고 예배에 참석했다. 내가 다니고 있는 교회는 '전 세대 예배'를 지향하는 교회여서 어린아이부터 어른까지 모두 함께 예배를 드렸는데, 당시 따로 자모실이 없어서 모든 아기 엄마, 아빠들이 예배당에서 같이 예배를 드렸다.

그러던 어느 주일예배 시간, 한 성경말씀이 내 귀에 들려왔다.

> "아들을 낳으리니 이름을 예수라 하라 이는 그가 자기 백성을 그들의 죄에서 구원할 자이심이라 하니라"(마 1 : 21).

어린 시절부터 교회에 다녔던 나에게는 굉장히 친숙한 말씀이었다. 이후 성경봉독을 하신 집사님의 기도가 이어졌다. 나는 그 기도 속에서 몇가지 새로운 점을 발견하게 되었다. 하나는 우리 하나님도 아들의 이름을 아이가 태어나기 전에 미리 지으셨다는 것이다. (묘한 동질감을 느끼며 웃음이 나왔다.) 그리고 또 하나는 예수님이 그 이름의 뜻대로 사셨다는 것이다. '예수'라는 이름에는 '구원자'라는 뜻이 있다. 아무 죄도 없으신 예수님이 이 땅에 오셔서 우리의 죄를 대신해 십자가에 달려 죽으심으로 우리를 구원하셨으니, 예수님은 정말 그 이름의 뜻대로 사신 것이다.

감사의 마음이 차올랐다. 도대체 어떤 부모가 사랑하는 자녀에게 이런 이름을 지어 줄 수 있을까? 하나님께서 지으신 '예수'라는 이름은 우리를 향한 하나님의 크신 사랑의 표현임을 새삼 깨닫게 되었다.

한결이의 이름을 지으며 깨닫게 된 하나님의 사랑. 부모가 되어 하나님의 마음을 조금씩 알아 간다는 것은 나에게 커다란 축복이자 감사였다.

아주 오래전 우리 하나님
이 땅에 나실 아들의 이름을
온 세상 사람 구원하라고
예수라 이름 지으셨구나

죽음으로 생명 주는 길
십자가 그 길 걸어가라고
그 이름처럼 살아가라고
눈물로 지으신 이름이구나

"눈물로 지으신 이름 예수"
(임성규 1집, 주님의 빛)

Track 5

 한결이가 태어난 지 100일이 지났을 때, 그렇게 좋다는 '장모님 찬스'로 우리는 출산 후 첫 데이트를 하게 되었다. 데이트 전날 밤, 오랜만의 데이트라는 설렘도 잠시, 막상 아이를 장모님께 맡겨 두고 나가려니 괜히 싱숭생숭하기도 하고, 나가서 뭘 해야 할지 몰라 한참을 고민했다. 그러다가 우연히 "루카스"라는 기독교 뮤지컬을 발견하고는 무슨 내용인지도 모른 채 일단 가 보자고 했다.

 캐나다의 한 장애인 공동체에서 있었던 실화를 바탕으로 만든 뮤지컬 "루카스"의 주인공은 8살 정도의 지능을 가진 지적 장애인 부부였다. 이 부부는 아이를 기다렸다. 그런데 번번이 아이가 유산되고 말았다. 그럼에도 불구

하고 이 부부는 포기하지 않고 아이를 기다렸고, 시간이 지나 다시 아이가 찾아왔다. 하지만 기쁨도 잠시, 이 부부는 의사로부터 배 속에 있는 아이에게 '뇌막류'라는 병이 있다는 진단을 받게 된다. '뇌막류'는 뇌가 두개골 밖에 형성되는 병이어서 이 병을 안고 태어난 아이는 대부분 죽을 수밖에 없고, 오래 살아야 3시간 정도라고 했다. 의사는 어두운 표정으로 유산을 해야 할 것 같다고 말했다. 그러자 이 부부는 엉엉 울면서 아이를 낳겠다고 고집을 피우기 시작했다.

우리 부부의 눈물샘이 터진 시점이 그때부터였던 것 같다. 한참을 울며불며 떼쓰는 부부를 보며 우리도 같이 울었다. 아내는 한결이가 배 속에서 탯줄을 감고 있다는 진단을 받았을 때 혹시나 잘못될지도 모른다는 생각에 엉엉 울었던 그때만큼 펑펑 울고 있었다.

잠시 후, 이 부부를 돌보던 할머니가 무대 가운데서 이런 독백을 하기 시작했다.

> "하나님, 왜 이런 시련을 주십니까? 죽어야만 하는 아들을 이 땅에 보내신 하나님 아버지의 마음을 알게 하시려고 이 부부에게

이런 시련을 주셨습니까?"

할머니의 그 대사에 나와 아내는 한 번도 생각해 보지 못했던, 이 땅에 아들을 보내셨던 하나님의 마음에 대해 생각하게 되었다. 죽은 아이를 안고 노래하는 아빠의 모습을 보며, 내 심장은 쉼 없이 요동쳤다. 죽어야만 하는 아들을 이 땅에 보내신 하나님, 그 하나님의 마음을 쏟아지는 눈물로 감히 조금이나마 이해할 뿐이었다.

죽어야만 하는 아들을 보내신
아버지의 마음 어떠하셨을까
십자가에 달린 예수님 보시던
아버지 그 마음 그 사랑

왜 내가 이런 사랑 받게 됐는지
그 사랑 얼마나 큰지도 몰랐네
날 향한 하나님의 아픈 사랑을
이제야 깨달았네

"하나님의 마음"
(염평안 single album, 하나님의 마음)

Track 6

한결이가 태어난 지 6개월쯤 되었을 때, 그러니까 12월의 추운 어느 겨울날이었다. 밤 9시가 넘어 깊게 잘 것 같던 아이가 잠에서 깨어 울기 시작했다. 아이가 우는 것은 자연스러운 일이니 아내와 나는 크게 당황하지 않고 그동안 쌓은 노하우들로 이렇게 저렇게 아이를 달래 보았다. 하지만 아이는 울음을 멈추지 않고 더 악을 쓰기 시작했다. 당시 살던 복도형 아파트는 방음이 그리 잘 되는 곳이 아니었기에, 이웃집에 피해가 될 것을 걱정하던 아내가 나에게 아이를 데리고 나가서 놀이터를 거닐며 재워보면 어떻겠냐고 제안했다. 이 한겨울 날씨에.

하지만 별도리가 없었기에 나는 아기띠로 아이를 안고 슬리퍼 차림으로 아파트 놀이터로 향했다. 다행히 놀이터에는 아무도 없었다. 나는 놀이터를 빙빙 돌면서 아이의 등을 토닥이며 재웠다. 한참을 울던 아이는 30분이 지나서야 겨우 울음을 멈추었고, 지쳤는지 새근새근 잠이 들었다. 그제야 나는 집으로 돌아와 아이를 조심스레 눕히고 한숨을 내쉬었다.

그로부터 약 3주간, 한결이는 밤 9시가 넘으면 악을 쓰면서 울었고, 그럴 때마다 나는 자연스레 아기띠를 메기 시작했다. 그리고 밖으로 나가 놀이터를 빙빙 돌며 아이를 재우곤 했다.

그날도 악을 쓰며 울던 아이를 안고 밖으로 나가 재우고 있는데, 문득 그런 생각이 들었다. '아빠 품에 있는 이 아이가 뭐가 그렇게 힘들어서 이렇게 악을 쓰며 울까?' 우유도 먹지 않고, 업어 주거나 안아 주어도 울음을 멈추지 않는 아이를 이해하려고 애썼지만, 이해가 잘 되지 않았다. 그러다 문득 엉엉 우는 이 아이가 어린 날의 나와 비슷하다는 생각이 들었다.

외아들로 자란 나는 고등학생이 되던 무렵부터 외로움을 느끼기 시작했다. 좋은 부모님을 만나 행복하게 자랐지만, 사춘기를 보내며 부모님에게는 꺼내 놓고 싶지 않고, 그렇다고 해서 가족이 아닌 친구들에게 나누기는 어려운 고민들과 마음들은 머물 곳이 없었다. 어떤 마음들은 노래가 되기도 했고, 또 어떤 고민들은 기도로 하나님께 아뢰어지기도 했다. 하지만 그 어떤 것들도 마음 밖으로 꺼내기 어려운 날은 이런 내 마음을 들키고 싶지 않아 방에 틀어박혀 있기도 했다. 하나님은 어디든 계신다고 했는데 그 어디서도 하나님이 느껴지지 않는 밤이면, 내 신앙과 믿음이 다 사라진 것 같고 거짓 같아서 눈물로 밤을 보낸 날도 있었다. 그런 날들의 내가, 지금 내 품에 안겨 우는 이 아이 같았다.

늘 함께하셨던 하나님을 알아차리는 데는 그리 오랜 시간이 걸리지 않았다. 하나님은 늘 내 곁에 계셨고, 나는 여전히 그 품 안에서 하루하루 살고 있음을 깨닫게 되었다. 왜 그때는 나와 함께하시는 하나님을 발견하지 못하고, 그 은혜를 깨닫지 못했을까?

한결이는 나처럼 그러지 않았으면 좋겠다. 이 아이에게도 때로는 마음 아프고, 때로는 혼자 덩그러니 남겨진

듯 외로운 밤이 찾아올 것이다. 그러나 한결이는 늘 함께하시는 하나님을 느끼고, 경험하며, 그분이 주시는 행복을 누렸으면 좋겠다. 그리고 그분과 함께하는 하루하루가 얼마나 소중하고 값진지 알아 가며 성장했으면 좋겠다. 그날 밤, 잠든 아이를 바라보며 이런 내 마음을 노래로 담았다.

네가 아주 어렸을 적에
잠에서 깨어 울곤 했었지
그때마다 내가 했던 말
아빠가 여기 있단다
품에 안고 네 등을 토닥여도
넌 한참을 울곤 했었지
시간이 지나고 곤히 잠든 너
참 사랑스러운 모습이었지

삶을 살아가다 보니
나도 그때의 너와 닮아서
내 등을 토닥이시는 하나님 못 보고
그저 한참을 울기만 했어
아들아 너의 곁엔 하나님 계시단다
너의 곁에 너의 뒤에 너의 앞에
널 품에 안고 사랑한다 속삭이는
하나님 계시단다

"한결이에게"
(염평안, HOME part. 1)

Track 7

돌이 지난 한결이는 다른 아이들처럼 걸음마를 시작했다. 걷다 넘어지다를 반복하다가 금세 잘 걷기 시작했고, 그다음부터는 현관을 손으로 가리키며 나가자고 연신 졸라 댔다.

뜨거운 여름 햇살을 맞으며 한결이를 안고 밖으로 나갔다. 여러 기구를 태워 줄 생각으로 손을 잡고 놀이터로 갔는데, 예상과 달리 한결이는 내 손을 잡고 계속 어딘가를 향해 가자고 했다. 그래서 아파트를 한 바퀴 돌아 보기도 하고, 조금 더 잘 걷게 되었을 때는 아파트 앞에 있던 학교 운동장을 크게 한 바퀴 돌기도 했다.

그러다가 점점 잘 걷게 된 한결이는 어느 순간부터 내 손을 놓기 시작했다. 아니, 뿌리치기 시작했다. 앞을 보지 않고 계속 걸어갔다. 그때부터 실랑이가 시작되었다. 위험하다며 계속해서 손을 잡는 나와 한사코 내 손을 뿌리치며 걷는 한결이. 한참을 실랑이하다가 나는 아이의 손을 놓았다. 그러고는 아이 뒤를 졸졸 따라갔다. 한결이는 슬쩍 뒤를 한 번 돌아보더니, 그다음부터는 나를 보지 않고 계속 앞으로 걸어갔다.

한참을 그랬을까. 아파트 옆 도로를 걷던 아이가 그만 돌부리에 걸려 쿵 하고 넘어지고 말았다. 얼른 달려가 일으켜 줄까 하다가 아이가 혼자 일어날 수 있도록 가만히 지켜보았다. 넘어진 한결이는 그 상태로 주변을 두리번거렸다. 그러다가 뒤에 있는 나를 발견하고는 대성통곡을 하기 시작했다. 아이는 서러워서 울고 있는데, 나는 울고 있는 아이가 너무 귀여워서 웃음을 참을 수 없었다. 나는 곧 아이의 이름을 불렀다.

"한결아!"

그제야 아이는 일어나서 나에게 걸어왔다. 나는 아이를 번쩍 들어 올려 품에 안고, "괜찮아. 괜찮아."를 반복하며 아이를 토닥였다. 아이는 한참을 서럽게 울더니 이내 울음을 그쳤다. 그러더니 다시 내 품에서 벗어나겠다는 의지를 피력했다. 그러고는 나의 손을 뿌리친 채 혼자 걷기 시작했다.

나도 그랬다. 무언가 혼자 할 수 있을 것 같던 스무 살. 내 힘으로, 내 결정으로 살아보고 싶었다. 아직 인생에 대한 방향 감각이 없었음에도 불구하고, 나는 방향 없이 그저 열심히 뭔가를 했다. 삶의 주인 되시는 하나님을 뒤로한 채 그저 흘러가는 인생의 물결을 따라 그렇게 한참을 살았다. 남들은 눈치채지 못하는 방황도 했다. 하지만 그렇게 살다 크게 넘어지고 나서야 나와 함께하시는 하나님을 찾기 시작했다. 부끄럽고 죄송해서 다시 그분 앞에 서지 못할 것 같던 그때, 하나님은 다시금 나를 만나 주셨다. 사실 다시 만나 주셨다는 것은 내 착각일지도 모르겠다. 내가 그분 없는 삶을 살고 있다고 느끼던 그때도 하나님은 늘 그 자리에서 한결같은 사랑으로 나를 사랑하셨고, 나를 붙잡고 내 삶을 인도하고 계셨다.

지금 생각하면 부끄럽고 지우고 싶은 대학생활. 그 시절 만났던 한 살 많은 교회 누나는 지금의 내 아내가 되었고, 밴드부 생활을 하면서 익혔던 여러 가지 스킬과 경험, 음악적인 감각은 대학을 졸업하고 나서부터 지금까지 예배팀으로 섬기는 데 있어 많은 도움이 되었다. 그리고 대학교 1학년 2학기 룸메이트로 만난 내 친구는 (나처럼 지금 교직에 있지 않고) 지금 나의 둘도 없는 음악 파트너가 되어 함께 음악을 하고 있다.

이러한 것들을 생각하면 정말 하나님 앞에서 고개를 들 수가 없다. 내가 하나님을 멀리 떠나 있던 그때도, 내 삶이 하나님을 위해 사용되도록 인도해 주신 하나님의 은혜. 그분의 위대하심과 전지전능하심을 다시 한번 고백한다. 한결같이 나를 보호하시고 인도하신 그분께, 여전히 나의 이름을 부르시며 나를 통해 영광 받기 원하시는 그분께 내 모든 삶을 드리길 원한다.

이젠 걸을 수 있다고 어디든 갈 수 있다고
아버지의 손을 놓고서 앞만 보며 걸었죠
뒤돌아볼 여유도 없이 흘러가는 세월을 따라
흘러 흘러 이 길을 걸어갔죠

내 아버지 날 부르시던 음성
넘어질 때면 일으키던 그 손 알지 못한 채
그 손 뿌리치고 더 자유롭게만 살고 싶었죠

내 이름을 불러 주세요
그 따스한 음성 내 맘에 들려주세요
내 이름을 불러 주세요
뒤돌아보면 언제나 그 자리에
날 향한 그 따스한 시선
날 부르는 아버지
날 기다린 아버지

"내 이름을 불러 주세요"
(임성규 1집, 주님의 빛)

Track 8

 간만에 인격의 바닥을 보여 주는 아들. 낮잠 안 자겠다고 버티더니 오후 4시가 넘어서 울고불고, 신경질 내고, 던지고……. 결국 엉덩이 한 대를 맞고 나서야 씻고 밥 먹고 잠들었다.

 내가 아내에게, 아내가 나에게 가끔 보여 주던 그것.
 바로 인격의 바닥.

 언제부턴가 사람들이 서로의 바닥을 보여 주지 않을 만큼 적당한, 얕은 관계를 원하는 것 같다. 부부간이나 가족 간의 사랑도 얕아져 깨지는 일이 많아졌다. 그러나 하나님은 이 시대가 보이는 얕은 사랑을 지지하지 않으신다. 하나님의 깊으신 사랑을 알아 가다 보면, 내 마음도 조금씩 깊어져 간다.

서로 인격의 바닥을 보고도 사랑할 수 있는 것, 사랑할 수밖에 없는 것이 바로 가족인 것 같다.

Track 9

한결이가 두 돌이 지나면서 책을 읽어 달라고 하기 시작했다. 이런저런 동화책부터 심지어 앨범의 가사와 크레딧까지 모두 읽어 달라고 했다. 다 읽고 나면 사랑스런 목소리로 예쁘게 말하는 아드님.

"또 이야기해 주세요."

어느 날 밤, 잠자리에 누운 아내와 한결이의 대화를 엿듣고 있었다. 그날따라 유독 말을 잘 듣지 않고 이런저런 사고를 치는 한결이에게 아내가 부드럽게 말했다.

"다 마신 컵은 식탁에 갖다 놓아야 해요."
"엄마 핸드폰은 던지면 안 돼요."
엄마의 계속되는 부드러운 잔소리를 다 들은 한결이가

말했다.

"엄마, 또 이야기해 주세요."

한참을 웃었다.

그래. 아이가 더 크더라도 계속 이렇게 부드럽게 잔소리할 수 있는 부모가 되어야 할 텐데. 아이가 또 이야기해 달라고 할 수 있도록 말이다.

Track 10

한결이가 태어난 이듬해, 우리 부부에게 찾아왔던 둘째 하늘이는 임신 9주 만에 우리 곁을 떠나갔다. 10월의 어느 화창한 가을날이었다. 아내가 오열을 했다. 지금까지 아내가 그렇게 많이 우는 걸 본 적이 없다. 그런 아내를 위로하는 것이 나의 역할이었기에, 내 슬픔은 잠시 묻어둘 수밖에 없었다.

시간이 필요했지만 우리 부부는 하나님께서 우리에게 허락하신 일들을 인정하고 받아들였다. 다시 평온한 일상이 찾아온 듯했다.

그러나 그때부터였다. 묻어 두었던 내 슬픔이 모습을 드러낸 것이다. 괜찮아졌다고 생각한 그때부터 내 슬픔은 출구를 모르고 삶의 여기저기에서 흘러나왔다. 아마도 그때 충분히 애도하지 못하고 잘 추스르지 못한 탓일까. 나는 아직도 10월이 되면 우리에게 찾아왔던 하늘이가 생각난다. 그리고 삶과 죽음에 대해 생각해 보며 하나님의 뜻이 어디에 있나 생각해 보곤 한다.

그 다음해 봄, 일을 하러 서울에 갔는데 아내에게 전화가 왔다.
"여보, 나 임신했어."
어안이 벙벙해서 아무 생각도 나지 않았다. 우리에게 다시 둘째가 찾아왔다니. 그 순간 하나님께 감사드렸다.
"그런데 여보, 쌍둥이래."
"뭐? 쌍둥이? 거짓말하지 마."
쌍둥이라는 아내의 말은 사실이었다. 양가 집안에 쌍둥이가 없었으므로 정말 의아했다. 하나님께서 우리 가정에 쌍둥이를 보내 주시다니. 나는 지금도 그날 아내와 통화했던 순간이 생생하다. 기쁨에 가득 찬 아내의 목소리도, 렌탈 스튜디오 건물 앞에서 통화하고 나서 바라보던 하늘도, 그때의 내 마음까지도. '하나님께서 우리 가정을 이렇게 돌보고 계시구나.' 하는 생각에 눈물이 났다.

우리의 바람은 그저 이 아이들이 건강하게 태어나는 것뿐이었다. 우리는 쌍둥이 출산에 대해서 공부하기 시작했다. 쌍둥이들은 보통 40주가 아닌 36주쯤이면 출산하는 경우가 많으며, 자연분만보다는 제왕절개 비율이 높다고 했다. 또한 조산의 경우도 많다는 이야기들을 보며 우리 부부는 서서히 긴장하기 시작했다.

임신 20주가 넘어서 아내의 몸이 좋지 않아 병원을 자주 오가곤 했는데, 23주가 된 어느 주일 아내가 하혈을 하기 시작했다. 불안한 마음이 엄습해 왔고, 아내는 또다시 유산이 되는 것은 아닌지 두려워하며 울기 시작했다. 우리는 최대한 빨리 병원에 가서 진료를 받았다. 한참을 진찰하시던 의사 선생님은 양수가 조금 흘렀다며 지금 아이를 출산해야 할 수도 있다고 말씀하셨다. 그리고 한마디를 덧붙이셨다.

"그런데 지금 아이들이 태어나면 살 수 있는 확률이 거의 없습니다."

이 말을 들었을 때, 내 나이 서른이었다. 그동안 들었던 그 어떤 말보다 무서웠다. 도저히 믿어지지 않았다. 이미 한 아이를 잃은 우리가 이번에는 두 아이를 동시에 잃게 된다면, 우리 부부는 감당할 수 있을까? 아내와 나는 너무도 간절하게 하나님께 부르짖었다.

"하나님, 제발 우리 아이들을 살려 주세요. 하나님, 제발요."

출산을 늦출 수 있는 방법은 없었다. 그저 병실에 누워 아이들이 조금이라도 더 배 속에 있도록 바라는 수밖에. 하루라도 아이가 늦게 태어나면 살 수 있는 확률이 더 높아진다고 하니 아내는 화장실도 거의 가지 않고 하루종일 누워서 생활했다. 고작 할 수 있는 일이 누워 있는 것뿐이라니, 절망적이었다. 그때 아내는 성경에 나오는 38년 된 병자가 생각났다고 했다. 하나님께서 역사하시지 않으면 아무것도 할 수 없는 그 절망적인 상황, 하나님의 도우심만을 바라는 그 상황. 그게 바로 우리의 상황이었다.

아무것도 할 수 없던 그때
아무것도 손 쓸 수 없던 그때
앉은뱅이, 병든 자, 날 때부터 누운 자
기억하게 하신 하나님

아무것도 할 수 없던 그때
아무것도 손쓸 수 없던 그때
오직 하나님의 눈길, 하나님의 손길을
기다리게 하신 하나님

"그날의 고백"
(미발표곡, 이정아·염평안 사/염평안 곡)

Track 11

  아내가 입원을 하고 나서 우리집은 폭풍 같은 하루하루를 보냈다. 장모님이 한결이를 봐 주셨고, 어머니는 틈틈이 병원에 와서 아내의 수발을 들어 주셨다.

  당시 집 근처 초등학교에서 근무했던 나는, 밤에 아내를 돌보다가 아침이 되면 집에 가서 옷을 갈아입고 출근했다. 하루 종일 핸드폰을 옆에 두고 계속 연락이 왔는지 살폈다. 작은 진동에도 깜짝깜짝 놀랐고, 벨 소리에는 더더욱 긴장하며 전화를 받았다. 그렇게 긴장 속에서 하루하루를 보냈다.

  그러다가 퇴근 시간이 될 때까지 별다른 연락이 없으면, 그게 그렇게 감사해서 눈물이 났다. 아이들이 엄마 배 속에서 오늘 하루 더 머물렀다고 생각하니, 아무 일 없이 지나간 그 하루가 우리에게는 너무도 큰 선물이었다.

  그전까지는 몰랐다. 아무 일 없이 지나간 하루의 시작과 끝이, 무심히 지나간 이 시간들이 하나님께서 우리에게 베푸신 은혜이며 사랑이었음을. 지금 돌이켜 보니 그때가 내가 하나님을 가장 깊게 만났던 시간들이었던 것 같다.

  사소한 일상에서도 함께하시는 하나님을 느낄 수 있었다. 물론 퇴근길에 병원으로 가는 동안 혹시나 잘못되면 어떡하나 하는 두려움과 싸워야 했지만, 그것도 잠시, 하나님은 내 마음 가운데 내 이름과 같은 '평안'을 주셨다. 또 다 갚을 수 없는 사랑의 빚을 잔뜩 지기도 했다. 하루 종일 한결이를 돌보느라 고생하시는 장모님, 며느리의 머리를 감겨 주러 병원에 오시는 어머니, 아이들과 산모의 건강을 위해 기도해 준 교회 식구들과 친구들까지. 하나님께서는 이렇게 나에게 주어진 환경과 시간들, 자연 만물, 그리고 사람들을 통해 이 모든 것이 하나님의 은혜임을 알게 해 주셨다.

그렇게 하나님은 5주라는 시간을 우리 가정에게 허락하셨다. 아내는 29주까지 아이를 품을 수 있었다. 5주 정도가 지나니 기대감이 생기기 시작했다. 어쩌면 만삭 때까지 우리 아이들이 엄마 배 속에 있을 수 있지 않을까 하는 생각이 들었다.

그때였다. 아내의 진통이 조금씩 심해지기 시작했다. 진통억제제 강도를 높이는 것이 더는 무리라고 판단한 의사 선생님이 말씀하셨다.

"이제 더 이상 출산을 늦출 수 없을 것 같습니다. 당장 산소호흡기 달린 인큐베이터가 두 개 있는 병원을 찾아야 합니다. 병원을 찾는 대로 바로 가서 수술을 해야 할 것 같아요."

우리는 또다시 눈물을 쏟았다. 지나간 5주에 대한 감사는 온데간데없고, 조금 더 버틸 수 있을 것 같았던 기대가 무너진 것에 대해, 또다시 찾아온 두려움에 우리는 무너졌다. 여기서 불평하는 게 말이 되나 싶지만, 우리는 그렇게 눈물로 아쉬움을 쏟아 냈다.

얼마 후, 의사 선생님이 겨우 병원을 찾았다며 30분 전에 인큐베이터 자리가 난 서울 인제대학교 백병원으로 가야 한다고 말씀하셨고, 우리는 곧바로 앰뷸런스를 타고 병원으로 이동했다. 병원으로 가는 내내 나는 "괜찮을 거야."라는 말을 반복했지만, 속마음도 그러지는 못했다. 우리는 병원으로 가는 내내 다시 하나님께 기도했다.

"하나님, 제발 우리 아이들을 살려 주세요."

수술 일정을 기다리던 늦은 저녁 시간, 부모님이 병원으로 오셨다. 부모님을 보니 괜히 눈물이 났다. 부모님과의 짧은 대화를 통해 우리는 조금씩 안정을 찾았다. 그때 아버지가 같이 기도하자고 하셨다.

"선하신 하나님……."

그 이후의 기도는 잘 들리지 않았다. 나는 그 첫 마디에 무너져 펑펑 울고 말았다. '그래. 우리 하나님은 선하신 분이지. 우리 하나님은 정말 좋은 분이지. 그분이 내 삶의, 우리 아이들의 삶의 주인 되시지. 전지전능하신 하나님, 사랑이 많으신 하나님이 우리의 하나님이시지…….' 그런 하나님이 우리 가정에 주신 상황이라면, 나는 감사할 수 있다고 기도했다.

하나님 내 삶에 역사하시네
실수 없는 손길 날 어루만지네
그 어떤 고난도 그 어떤 상황도
실수 없는 주의 손에 계획 안에 있네

하나님 내 삶에 말씀하시네
변함없는 사랑 내 삶을 적시네
그 어떤 고난도 그 어떤 상황도
변함없는 주의 사랑 내 삶에 넘치네

그 어떤 고난도 그 어떤 상황도
변함없는 주의 사랑 주의 은혜
내 삶에 가득 넘치네
변함없는 주의 은혜 내 삶에

"하나님 내 삶에"
(염평안, IN THE LIFE)

Track 12

2010년 10월 29일 아침, 쌍둥이들은 1.38kg, 1.41kg으로 태어났다. 그러나 계속 기다려도 분만실로 들어간 아내와 아이들이 나오지 않았다. 나는 또다시 긴장되기 시작했다. 간혹 아이들이 마트 캐리어 비슷한 것에 실려 수술실에서 다른 곳으로 이동하는 것을 보곤 했는데, 그 아이들이 우리 아이들인지 확인할 수 없었다. 그러다가 8시 40분쯤 실려 가는 두 아이가 보였다. 왠지 우리 아이들일 것 같았다. 그때 의사 선생님이 나와서 말씀하셨다.

"두 아이 모두 뇌출혈이 있어서 일단 신생아 중환자실로 이동했고, 산모는 전치태반 때문인지 출혈이 많아서 급하게 수혈을 하고 있습니다."

드라마에서만 보던 장면이 내 앞에 펼쳐졌다. 다리에

힘이 쭉 빠졌지만, 일단 어떻게 해야 되는지 묻고 수술실 앞 의자에 앉아 고개를 파묻고 기도하기 시작했다.

"하나님, 제발 우리 아이들을 살려 주세요. 아내의 출혈이 멈추게 해 주세요."

다른 말은 생각나지 않았다.

오후쯤, 두 팩의 수혈을 받고 얼음찜질을 하고 나서야 아내의 출혈이 멈추었고, 나는 아내와 눈물의 재회를 할 수 있었다. 아내와 나는 아이들을 위해 기도하기 시작했다.

"하나님, 제발……."

살면서 무언가를 그렇게 간절하게 기도한 적이 없었던 것 같다. 삶이 풍족했거나 모든 것이 순조로운 삶이어서 그런 것은 아니었다. 가난은 받아들였고, 내가 할 수 없는 일이라고 생각되면 단념하곤 했다. 하나님께서는 "모든 일에 기도와 간구로, 너희 구할 것을 감사함으로 하나님께 아뢰라"(빌 4:6)라고 말씀하셨지만, 나는 그러지 못했다. 성경 속에서만 전능하신 하나님을 발견했지, 내 삶 속에서 찾아보려고 하지는 않았다. 하지만 아이들이 잘못될지도 모른다고 생각하는 그 순간, 내가 할 수 있는 일은 하나님 앞에 엎드려 하나님의 능력을 구하는 것뿐이었다.

며칠 후, 의사 선생님으로부터 아이들의 뇌출혈이 멈추었다는 소식을 들었다. 의사 선생님은 신생아들에게 이런 일이 많다며, 아이들이 살고자 하는 의지가 커서 그렇다고 말씀하셨다. 하지만 나와 아내, 그리고 아이들을 위해 기도해 준 모든 이들은 알고 있었다. 전능하신 하나님께서 베푸신 은혜요, 능력이라는 것을.

솔직하게, 그리고 간절하게 그분의 능력을 구했던 밤, 그리고 그분의 일하심을 절절하게 깨닫게 된 아침. 특별할 것 없는 하루가 그분의 능력으로 온통 특별해졌던 그날, 그렇게 나는 아이들을 통해 또 한 번 하나님을 알아가게 되었다.

연약한 나를 바라보지 않고
강한 나의 주 바라봅니다
부족한 나를 바라보지 않고
완전한 나의 주 바라봅니다

내 모든 찬양 받으시기에
언제나 주를 노래합니다
나를 일으켜 세우시기에
담대히 주 앞에 섭니다

주만 바라봅니다 주만 노래합니다
날 부르시는 주 앞에 내가 섭니다
주만 바라봅니다 주만 노래합니다
주만 사랑합니다 오직 주님 당신만

"주만 바라봅니다"
(아름다운세상 3집, 그 이름 예수)

특별할 것 없는 하루가
그분의 능력으로 온통 특별해졌던 그날,

그렇게 나는 아이들을 통해
또 한 번 하나님을 알아 가게 되었다.

Track 13

45일, 47일.

승리와 선율이가 신생아 중환자실에 있던 날수이다.

승리가 먼저 퇴원을 했고, 이틀 뒤에 선율이가 퇴원을 했다. 두 아이를 아기 침대에 나란히 눕혀 놓은 뒤 벅찬 가슴을 부여잡으며 하나님께 감사드렸다. 꿈만 같다는 표현은 이럴 때 쓰는 건가 싶었다.

하지만 감사한 마음을 느낄 겨를도 없이 쌍둥이 육아가 시작되었다. 첫아이가 어렸을 때를 생각하면 이맘때쯤이면 모유나 분유를 먹고 2시간쯤은 잤던 것 같은데, 선율이와 승리는 도무지 그럴 기미가 보이지 않았다. 일단 모유를 먹는 양이 적었다. 신생아 중환자실에 있을 때, 식

도까지 호스를 삽입해서 2ml를 먹은 게 첫 시작이었다. 그렇게 조금씩 양을 늘려 갔지만, 집에 와서도 많이 먹지 못했다. 특히나 모유수유를 할 때는 얼마큼 먹는지 양을 알 수 없어서 나중에는 유축기로 모유를 짜서 젖병으로 먹여 먹은 양을 확인하기도 했다.

특히나 밤이 되면 아내와 나는 졸린 상태에서 아이에게 젖병을 물리곤 해서 때때로 웃픈 일도 참 많았다. 주로 아이들이 번갈아 가며 깼기 때문에 아이들이 울면 기저귀를 확인하고 시간을 확인해 모유를 먹였다. 한번은 승리에게 모유를 먹이고 난 지 한 시간쯤 지났을 때, 또 아이가 깨길래 선율이인 줄 알고 모유를 먹였다. 그런데 나중에 보니 선율이가 아니라 승리였다. 승리가 또 깨서 모유를 먹은 것이다. 우리는 아이들이 깰까 봐 숨죽이며 웃었다. 한 시간 만에 또 모유를 먹은 승리에게도, 두 시간 넘게 잔 선율이에게도 모두 고마웠다. 그렇게 우리는 별것 아닌 일들로 한참을 웃곤 했다.

그러던 어느 날, 선율이가 모유를 먹다가 숨을 헐떡이더니 갑자기 숨을 멈췄다. 우리는 너무 당황해서 어찌할

바를 몰랐다. 다행히도 조금 후에 선율이가 다시 숨을 몰아쉬며 호흡이 돌아왔다. 우리는 너무 불안해서 당장 아이를 데리고 병원으로 갔다. 의사 선생님은 아이들이 미숙아로 태어났기 때문에 특히 폐가 약해서 그럴 수 있다고 하셨다. 그래서 호흡이 멈출 때면 뺨이나 발바닥을 때려서 다시 호흡이 돌아오게 해야 한다고 말씀하셨다. 그 말을 듣고 난 후, 집으로 돌아오는 길 내내 두려운 마음을 감출 수 없었다. 혹시라도 아이가 숨을 쉬지 않을 때 우리가 발견하지 못하면 어떡하나 걱정이 앞섰다.

한동안 나는 계속 선율이의 안정된 숨소리를 들으려고 애썼다. 호흡이 조금이라도 불안한 것 같으면 초조해서 어쩔 줄을 몰랐다. 밤이 참 무서웠다. 새근새근 자고 있는 선율이를 바라보며 되도록 잠들지 않고 아이를 지켜보려고 했다. 그러다가 깜빡 잠이 들기라도 하면, 나는 소스라치게 놀라며 잠에서 깼다. 그리고 선율이의 가슴에 귀를 갖다 대고 숨소리를 확인했다. 심장 뛰는 소리를 듣고 나서야 "주님, 감사합니다." 하며 안도했다.

숨을 쉬는 것, 밥을 먹는 것, 그 어느 것 하나 하나님께서 허락하시지 않는다면 당연한 것이 없음을 깨닫게 되었다. 평범했던 일상이, 당연했던 오늘이 주어지지 않을 때, 그제야 하나님께서 일하고 계심을 깨닫게 되는 게 인간인 것 같다. 어떻게 하면 평범한 일상 속에서 나에게 주어진 것들이 온통 하나님의 은혜임을 깨달으며 살 수 있을까? 깊은 숨을 들이마시며 다시금 주님의 은혜를 생각해 본다.

아무 일 없이 살아간다는 게
아무 노력 없이도 숨을 쉴 수 있는 게
그리 가슴 벅찬 일인지
눈물 나게 감사한 일인지

그래 우리게 주어진 이 삶은
주의 축복이더라
너무도 값진 선물이더라
갚을 수 없는 은혜더구나
네 호흡 멈추는 그날까지 잊지 않기를

"너에게 들려주고픈 이야기"
(미발표곡)

Track 14

 쌍둥이들이 태어나서 돌이 되기까지는 정말 정신이 하나도 없었다. 많은 미숙아들이 그렇듯, 우리 아이들도 기관지가 좋지 않아서 감기와 중이염 등 수없이 병원에 들락날락했다. 아마도 우리가 교회보다 병원을 더 자주 갔던 것은 이때가 처음이었을 것이다. 다행히 길 건너에 소아과가 있어서 얼마나 감사했던지……. 의사 선생님, 간호사 선생님이 다 기억하실 정도로 정말 병원을 많이 다녔다. 또 아이들이 태어난 병원 의사 선생님은 우리 아이들이 미숙아로 태어나서 면역력이 거의 없다며 모든 예방주사를 다 맞으라고 하셔서 우리 아이들은 접종 시기에 맞추어 수많은 예방접종을 해야 했다. 그렇게 1년이 흘러갔고 아이들은 조금씩 건강해졌다.

아내와 나는 우리가 하나님께 기도했던 내용들을 다시금 생각하기 시작했다. 하나님께서 허락하신다면 우리 아이들을 하나님의 아이로 키우겠다고 서원한 그 기도들을 떠올리며, 어떻게 하면 아이들을 잘 키울 수 있을지 고민하기 시작했다. 많은 신앙 서적들과 자녀 양육서를 찾아보기도 하고, 그 내용들로 밤늦게까지 아내와 토론하기도 했다. 그러다가 아내가 최에스더 사모님이 쓰신 『성경으로 아들 키우기』(규장, 2007)라는 책을 읽고는 나에게 꼭 읽어 보라고 추천해 주었다.

저자는 성경에 나오는 부모와 자녀 이야기에서 발견한 여러 통찰을 이야기해 주었다. 그런데 책을 읽으며 만난 여러 성경 인물 중 낯선 성경 인물이 등장했다. 바로 '요게벳'이었다. 요게벳? 태어날 때부터 교회에 다녔던 내가 한 번도 보지 못한 성경 인물이었다. 기가 막힐 노릇인 건 '요게벳'이 출애굽기에 등장한다는 사실이었다. 내가 창세기, 출애굽기를 얼마나 많이 읽었는데…….

매년 성경 일독을 시작하는 많은 크리스천들처럼, 나는 스스로 창세기 박사라고 여겼다. 할아버지, 할머니 나이는 늘 헷갈렸지만 므두셀라가 몇 살에 죽었는지, 노아가 방주를 몇 년 동안 지었는지는 단숨에 말할 수 있었다. 출애굽기의 서사들도 거의 집안 역사처럼 꿰고 있다고 생각했는데, '요게벳'이라는 생소한 이름에 호기심이 생겼다.

요게벳은 모세의 어머니였다. 저자는 출애굽기 2장을 부모의 시선으로 바라보며 모세의 탄생 이야기를 들려주었다. 요게벳이 임신했던 때는 갓 태어난 히브리 남자아이를 나일강에 던져 죽이라는 극악무도한 명령이 내려졌던 시대였다. 아이의 성별을 알 수 없었던 그때, 그녀는 얼마나 초조하고 불안했을까? 시간이 지나 태어난 아이는 남자아이였고, 모세의 부모는 아이를 숨길 수밖에 없었다. 하지만 석 달이 지나 그 사실을 더 이상 숨길 수 없게 된 모세의 부모는 작은 갈대 상자에 역청과 나무진을 칠한 후, 아이를 거기에 눕혀 나일강 갈대 사이에 두었다.

이후의 이야기는 아마 대부분의 크리스천이라면 다 아는 내용일 것이다. 사실 그래서 나도 모세의 어린 시절을 유심히 살펴본 적이 없었던 것 같다. 내가 아는 모세의 이야기는 공주의 손에 건짐 받은 그 이후였다. 하지만 저자는 이 이야기에서 태어난 지 석 달밖에 되지 않은 아이를 떠나보내는 부모의 믿음에 집중하며, 이들 부부가 어떤 마음이었을지 묻는다. 태어난 지 석 달이라……. 우리 아이들을 생각해 보았다. 첫째 한결이도 작게 태어났지만, 쌍둥이들은 비교할 수 없을 정도로 더 작았다. 그리고 발달도 느렸다. 200일이 되었어도 목을 가누지 못할 정도였다. 그때는 목을 가누고 100일 사진을 찍는 다른 집 아이들이 그렇게 부러웠다.

그런데 그 작은 아이를 더 이상 키울 수 없었던 부모의 마음이 어땠을지 상상하는 것은 부모인 내게, 또 그런 아픈 시간을 보낸 나에게는 더 마음이 아팠다. 눈물이 났다. 엄마 요게벳은 상자에 물이 새지 않게 역청과 나무진을 바르며 얼마나 많은 눈물을 흘렸을까? 그녀가 물이 새지 않도록 역청과 나무진을 바른 것은 아마도 부모로서 할 수 있는 최선의 행동이었을 것이다. 나일강 갈대 사이에 두었다고 했지만, 혹시라도 이 상자가 떠내려간다면, 물에 빠진다면 어떻게 될까 마음 졸이며, 아마도 수십 번, 수백 번도 더 두려운 상상을 했으리라. 그녀는 그렇게 눈물로 아이를 떠나보냈을 것이다.

도대체 그들은 어떻게 아이를 그렇게 보낼 수 있었을까? 아무리 하나님을 향한 강한 신뢰가 있었다 한들, 어떻게 그런 선택을 할 수 있었을까?

쌍둥이가 신생아 중환자실에 있을 때, 우리 부부는 매일 면회를 갔다. 차로 왕복 2시간이 넘는 거리를 이동해서 아이들을 볼 수 있는 시간은 겨우 5분이었지만, 아이들을 만나러 가는 길을 주저하게 하는 것은 아무것도 없었다. 신생아 중환자실 유리벽 밖에서 주삿바늘과 호스를 꼽고 있는 아이들을 바라보노라면, 그렇게 눈물이 났다. 아이들이 살아 있음에 감사해서 눈물이 났고, 내가 이 아이들을 위해 해 줄 수 있는 일이 겨우 모유를 전달해 주는 것뿐이라는 그 무력감 때문에 눈물이 났다. 결국 우리 아이들을 지으시고 지키시며 보호하시는 하나님께 맡길 수밖에 없다는 것을 깨닫는 시간들이었다. 집으로 돌아오는 차 안에서 하나님께 매달리고 울며 기도했던 그 시간들이 떠올랐다.

성경을 더 읽다가 믿음의 장이라고 불리는 히브리서

11장에 많은 믿음의 선진들과 함께 바로 모세의 부모가 언급되어 있는 것을 보며 또 한 번 놀랐다. 아, 그들은 믿음으로 그 시간들을 살아냈구나, 왕의 명령을 두려워하지 않고 아이를 숨겼던 그들은 믿음으로 그렇게 아이를 떠나보낼 수 있었구나 깨닫게 되었다.

요게벳의 이야기가 내 마음에 남았다. 그리고 요게벳과 아므람이 그랬던 것처럼, 우리 부부도 믿음으로 하나님께 아이들을 맡겨야겠다는 마음을 품었다. 그렇게 책의 내용 일부를 발췌하고 좀 더 살을 붙여서 만든 노래가 바로 "요게벳의 노래"이다. 사역을 위한 노래도 아니었고 그저 우리 부부를 위한, 나를 위한 노래였다. 삶의 참 주인 되시는 하나님께 아이들의 삶을 맡기는 믿음을 소유하고픈 나의 바람이었다.

노래를 만들고 부르면서 몇 가지 더 깨달은 것이 있다. 한 가지는, 우리가 하나님께 삶을 맡겼든지, 그렇지 않든지 상관없이 이미 하나님께서 우리 삶의 주인이시라는 사실이다. 하나님께서는 우리가 태어나기 전부터 우리의 삶을 계획하셨고, 지금도 앞으로도 우리 삶의 주인 되셔서 그분의 선하신 뜻대로 이루어 가실 거라는 것! 또 한 가지는 이 노래는 우리 아이들의 삶을 하나님께 맡기고자 하는 마음을 고백한 곡인데, 부르다 보니 결국 나의 삶을 하나님께 맡기고 드리길 원하는 나의 고백으로 이어진다는 것이었다.

마흔이 넘은 나이지만 여전히 알 수 없는 내일이 두려운 나에게, 하나님께서 삶의 주인 되신다는 사실은 마음에 큰 평안이 되었다. 나의 실수가, 나의 넘어짐이 그분의 선하신 계획을 무너뜨리지 못한다. 여전히 흔들리고 불안하지만, 삶의 주인 되시는 그리고 삶의 참 부모 되시는 그분께 나의 오늘과 내일을 맡기며 그분이 주시는 안식과 평안을 누리는 하루하루를 살아가고 싶다.

작은 갈대 상자 물이 새지 않도록
역청과 나무진을 칠하네
어떤 맘이었을까
그녀의 두 눈엔 눈물이 흐르고 흘러
동그란 눈으로 엄마를 보고 있는
아이와 입을 맞추고
상자를 덮고 강가에 띄우며
간절히 기도했겠지
정처 없이 강물에 흔들흔들
흘러 내려가는 그 상자를 보며
눈을 감아도 보이는 아이와 눈을 맞추며
주저앉아 눈물을 흘렸겠지

너의 삶의 참 주인 너의 참 부모이신
하나님 그 손에 너의 삶을 맡긴다
너의 삶의 참 주인 너를 이끄시는 주
하나님 그 손에 너의 삶을 드린다

"요게벳의 노래"
(염평안 2집, In The Bible)

Track 15

쌍둥이가 태어난 지 120여 일 만에 드디어 교회에 데리고 나갔다. 목사님께서 아이들을 데리고 앞으로 나오라고 하시는데 어찌나 가슴이 벅차던지……. 다시 한 번 하나님의 은혜에 깊이 감사드렸다.

사랑하는 선율아, 승리야.
너희와 함께 하나님을 섬길 수 있어서 아빠는 너무도 가슴 벅차구나.
이 은혜를 잊지 말자.

Track 16

한결이는 두 돌이 지나고 세 번째 겨울을 맞이할 즈음부터 교회 주일학교 유아부에서 예배를 드리기 시작했다. 그 나이 아이들이 보통 그렇듯, 한결이도 엄마, 아빠와 떨어져서 혼자 유아부에 적응하는 게 쉽지 않았다. 그래서 나도 자연스레 한결이와 같이 유아부 예배를 드리게 되었다.

아빠 다리에 앉아서 이것저것 호기심 많은 눈으로 두리번거리던 한결이는 주일학교 선생님이 준비한 말씀 스케치북을 바라보며 조금씩 말씀에 집중하기 시작했다.

선생님은 그날 예수님의 탄생에 대한 말씀을 전해 주셨다. 선생님이 스케치북을 펼치자, 예수님이 태어나신 마구간이 입체적으로 펼쳐졌다. 그리고 스티커를 하나씩 붙이면서 말씀하셨다.

"결국 예수님은 마구간에서 태어나셨어요. 그런데 여러분, 마구간이 어떤 장소인지 알아요? 마구간에는 무엇이 있을까요?"

"말이 있어요."

"소도 있어요."

"소가 먹는 풀도 있어요."

선생님은 아이들이 대답한 내용의 그림 스티커를 스케치북에 붙여 주셨다. 순식간에 텅 빈 마구간이 여러 동물들과 물건들, 풀들로 채워졌다. 그러자 아이들은 더욱 신나서 아무 말이나 막 하기 시작했다. 그러던 중 어떤 아이가 크게 소리쳤다.

"똥도 있어요!"

그러자 유아부 아이들 모두 자지러지게 웃기 시작했다. (아이들은 왜 똥, 방귀 이런 걸 좋아할까?)

그런 아이들과 한결이를 바라보고 있자니, 문득 한결이가 태어나던 그날이 생각났다. 밤새 진통하며 고생하던 아내가 드디어 한결이를 출산했을 때, 병실에서 기다리다가 곯아떨어진 나는 분만실로 얼른 오라는 간호사 선생님의 말에 정신이 번쩍 들었고, 바짝 긴장하며 분만실로 갔다. 분만실 앞에 도착하니 간호사 선생님이 소독된 가운을 입혀 주고, 비닐 장갑을 끼워 주셨다. 그리고 분만실로 들어갔다. 아내는 고통 중에 한결이를 출산했고, 얼굴이 쭈글쭈글한 게 꼭 외계인 같았던 우리 아들은 탯줄을 단 채 내 눈앞에 있었다. 의사 선생님이 탯줄을 자르라고 가위를 주셨고, 나는 벌벌 떨며 아이의 탯줄을 잘랐다.

한결이는 그렇게 태어났다. 아마도 세상에서 가장 깨끗하고 가장 안전한 곳에서. 그곳에 있던 모두가 한결이를 기다렸고, 한결이가 안전하게 태어날 수 있도록 애썼다. 어느 누구 하나 소란을 피우지 않았고, 무엇 하나 부족하지 않았다.

하지만 예수님은 그렇게 태어나지 못하셨다. 온 우주를 창조하신 하나님의 아들 예수님은 어린 여인의 몸에서 태어나셨다. 베들레헴의 한 작은 마구간에서, 어쩌면 아이들이 말한 것처럼 소나 말들이 있었을 바로 그 곳에서. 말구유가 인큐베이터나 침대를 대신했다. 예수님의 탄생을 축하하기 위해 온 사람들이 있었지만, 그들은 예수님의 출생에 어떤 도움도 주지 못했다. 그렇게 예수님은 낮고 천한 곳에서 태어나셨다. 이 땅의 구원자로 오셨지만, 세상은 그분을 알지 못했다. 천하고 더러운 이 땅, 말구유에서 나셨다.

2000년이 지난 후, 예수님은 태어나셨던 마구간보다 더 천하고 더러운 내 마음속에도 오셨다. 그분을 만날 그 어떤 자격도 없고, 그분을 맞이할 아무런 준비도 없었으며, 그분을 만났어도 여전히 더러운 내 마음에. 세상은 알 수 없고, 이해할 수도 없는 그 사랑으로 나를 구원해 주시고 내 안에 거주하시는 주님, 감사합니다.

천하고 천한 더러운 그곳
세상은 알지 못한 그곳에서
날 위한 그 길 시작하신 주님
천하고 천한 내게 오신 나의 주님

"천하고 천한"
(미발표곡)

Track 17

세상에서 가장 힘든 일을 하는 사람은 쌍둥이 엄마임에 틀림없다.

쌍둥이들은 먹고 자고 싸고를 하루종일 반복하는데, 한 명이 아니라 두 명이기에 그 간격이 너무 짧다. 그리고 너무 자주 알 수 없는 호출(울음)이 발생하기 때문에 아이들이 모두 잠들기까지, 심지어 잠들더라도 편히 쉴 수 있는 시간이 거의 없다. 아내랑 같이 있는데도 정작 이야기를 나눌 시간이 별로 없다. 기도도, 말씀도, 어느 것 하나 하기가 힘들다.

문득 그런 생각이 들었다. 에녹이 므두셀라를 낳고 하나님과 300년 동안 동행했다고 했는데, 에녹은 쌍둥이를 낳지 않았기 때문에 가능했던 게 아닐까? (근거 없는 성경해석)

Track 18

한결이가 30개월, 그리고 선율이, 승리가 돌이 지날 무렵이었다. 미숙아로 태어나서 돌이 지나도 아직 열심히 기어 다니는 쌍둥이들과 정신없이 어지럽히면서 노는 한결이와 함께 우리 부부는 정말 정신없는 하루하루를 보냈다.

특별히 한결이와 선율이, 승리의 낮잠 자는 시간이 묘하게 겹치는 저녁 시간이 되면, 아이들은 짜증을 내며 자고 싶다는 욕구를 온몸으로 강력하게 표출했다. 하지만 우리 부부도 살아야(?) 했기에 저녁이 될 무렵인 5~6시 낮잠은 허락할 수가 없었다. 그때 아이들이 자다가 깨면 밤 12시가 넘어서야 잘 것이 뻔했기에, 우리는 7시에 아이들을 재우자는 원대한 목표를 세워 놓고 잠과의 각개

전투를 시작했다.

목욕은 필수! 자기 전에 아이들을 씻기고 옷을 갈아입힌다. 이것만 해도 우리의 체력은 이미 바닥이 났다. 그리고 그 전에 최대한 버티고 버티다 6시쯤 저녁 먹이기! 그러면 아이들은 졸면서 저녁을 먹는다. 그 모습이 늘 너무 귀여웠지만, 그대로 놔둘 수는 없었다. 눈에 잠이 가득한 아이들을 깨워 가며 겨우겨우 밥을 먹였다.

그렇게 모든 준비가 끝나면 우리는 거실에 이불을 깔고 다 같이 누웠다. 아내와 나는 아이들이 깊이 잠들도록 2시간 남짓 숨죽이며 누워 있었다. 그렇게 9시쯤 되어 아이들이 깊이 잠들면, 우리는 조용히 일어나 집을 정리하고 잠시 우리만의 시간을 갖기도 했다. 하지만 너무 피곤해서 7시에 아이들과 같이 잠들었다가 새벽에 일어나는 일도 많았다.

한편, 그즈음 말이 늦다고 생각했던 한결이가 말이 터져서 각종 재미있는 어록을 쏟아 냈는데, 그중에 재미있는 것 중 하나는 단어의 앞뒤를 이상하게 바꿔 부르는 것이었다. 도서관을 '도고산', 헬리콥터는 '헤골립터', 선생님은 '생선밈' 이런 식으로 단어를 바꿔 부르는데, 우리 부부는 한결이의 이런 사소한 말 한마디에도 빵빵 터졌다. 한결이는 우리가 왜 웃는지 잘 모르는 것 같았지만, 우리에게는 한결이의 어리둥절한 그 모습마저도 너무 귀엽고 사랑스러웠다.

어느 날은 한결이가 나에게 '얼룩말신'이라는 정체 모를 물건을 한참 동안 설명했는데 도저히 알아들을 수가 없었다. 이해하지 못하는 아빠가 너무도 답답한 아들과 알아듣고 싶지만 그럴 수 없었던 아빠. 마치 영어를 알아듣지 못해 손짓 발짓 해 가며 소통하는 그런 상황이었다. 한참을 이야기하다가 결국 알게 된 '얼룩말신'의 정체는 바로 '런닝머신'이었다.

이런 에피소드가 생길 때마다 우리는 아이의 모든 말들을 다 적어 놓고 싶은 충동이 들었다. 현실은 너무 힘들고 정신없지만, 사랑스러운 아이와의 이 시간들이 조금 더디게 흘렀으면 했다.

평소처럼 아이들과 함께 누워 잠을 청하던 어느 날, 한결이가 신이 났는지 노래를 불렀다. 우스꽝스러운 말도

안 되는 가사의 노래를 불렀는데, 그게 너무 귀여워서 나도 같이 노래를 불렀다.

"아빠는 한결이를 사랑해!"

한결이의 기분이 좋아 보였다. 그래서 한결이와 이런저런 이야기를 나누다가, "한결아, 아빠가 너 사랑하는 거 잊으면 안 돼. 알았지?" 하고 말했더니, 한결이는 그러겠단다. 그렇게 수다를 떨다가 이내 한 명씩 곯아떨어졌고 우리는 행복한 밤을 맞이했다.

아이를 키우는 일은 사랑을 배우는 일이고, 나를 알아가는 일인 것 같다. 부족한 나를 발견해 가며 더 온전한 사랑을 주고 싶어 하는 마음들로 가득하다. 때때로 이런저런 이유들(오빠라는 이유, 사고를 쳤다는 이유)로 한결이를 혼내는 날이면, 그날 밤은 마음이 참 무거웠다. 아이를 잘 이해하지 못해서, 또는 나의 귀찮음과 부족한 인격 때문에 아이를 다그친 것 같아서 반성하곤 했다. 특별히 아들은 아빠를 통해서 많은 것들을 배운다는데, 나는 아이에게 삶으로 무엇을 가르치고 있나 하는 생각이 들었다.

스티븐 캔드릭, 알렉스 캔드릭, 랜디 알콘이 쓴 『남자의 결단』(두란노서원, 2012)이라는 책에서는 아이들이 아빠를 통해 하나님을 알아 간다고 말한다. 아무리 하나님이 은혜로운 분이라고 가르쳐도, 아빠가 아이에게 은혜롭지 않으면 은혜로우신 하나님을 배우기 어렵다는 것이다. 이 구절은 한동안 나를 심각한 고민에 빠뜨렸는데, 나는 과연 우리 아이들에게 어떤 하나님을 가르쳐 주고 있나 하는 의문과 자책에서였다. '은혜'보다는 '율법'을, '사랑'보다는 '이기심'을 가르쳐 주고 있는 것은 아닐까 하는 반성의 마음은 늘 나를 작아지게 했다.

지금도 이렇게 기도한다.

"하나님, 부디 아이들에게 하나님을 제대로 설명해 줄 수 있는 아빠가 되게 해 주세요. 저를 너무도 사랑하신 하나님 아버지처럼, 저도 제 아이들을 그렇게 사랑하고 싶습니다. 도와주세요."

아빠 때문에 속이 상하고
네 편이 돼 주지 않아 슬플 때도
결코 잊어선 안 돼
아빤 너를 너무 사랑해
너를 사랑해

……

아빠를 통해 하나님 사랑
아주 조금이라도 알게 되길
아주 오래전부터 너를 사랑하신 하나님
그 사랑 알기를

"아빠는 너를 너무 사랑해"
(미발표곡)

Track 19

아내가 짜장밥을 해 주던 날, 한결이 밥 위에 짜장 소스를 부은 다음 비벼 주는데 갑자기 한결이가 인상을 쓰며 나에게 말했다.

"아빠, 왜 고기를 숨겨?"

앗! 고기를 좋아하는 우리 아들. 짜장 소스에 있던 고기가 비벼지면서 밥 속으로 들어가자 아빠가 고기를 숨긴다고 생각한 것이다. 인상을 쓰며 내게 쏘아붙이는 아들의 모습이 너무도 귀여워서 한참을 웃었다.

한결이가 고기를 숨긴다고 오해하듯, 나도 하나님에 대해 오해하고 있는 부분이 있지는 않을까?

하나님의 섭리는 언제나 참 어렵게 다가온다. 하나님께

서 그리신 아름다운 그림은 늘 시간이 지나고 나서야 보게 된다. 한참을 불평하다가 뒤늦게 하나님의 은혜를 깨닫게 되면 "하나님, 감사합니다." 하고 고백하는 그런 삶의 패턴은 이제 그만두고 싶다.

내 앞에 주어진 많은 일들 속에서 하나님의 섭리를 보고 싶다. 고난 속에서도 아름다운 그림을 그리시는 하나님을 보고 싶다. 그래서 이제는 내 삶에 감춰진 하나님의 섭리를 보고 '제때' 감사하는 그런 사람이 되었으면, 내게 그런 안목이 있으면 얼마나 좋을까 생각해 본다.

"아빠, 왜 고기를 숨겨?"
짜장밥을 먹을 때마다 한결이의 이 말이 생각난다.
(추신. 짜장밥에는 고기가 많아야 제맛!)

Track 20

한결이가 퍼즐에 꽂혀 있을 때가 있었다. 처음 퍼즐을 맞출 때는 잘 못해서 금방 흥미를 잃곤 하더니, 몇 번 하고 나서는 집중하며 퍼즐을 완성했다. 그러다가 나중에는 새로운 퍼즐도 신기할 정도로 잘 맞추었다. 어떨 때는 나보다 더 잘하는 것 같다는 생각이 들기도 했다. 서당개 삼 년이면 풍월을 읊듯이, 나도 한결이 어깨 너머로 퍼즐을 맞추다 보니 퍼즐 조각을 들었을 때 그 조각이 전체 그림에서 어느 부분인지 대충 알 수 있는 경지(?)에 이르게 되었다.

종종 인생을 퍼즐에 비유하기도 한다. 때로는 나에게 닥친 어려운 삶의 조각을 이해할 수 없어서, 도대체 왜 이런 상황을 허락하셨냐고 하나님께 묻곤 한다. 하지만 퍼즐을 한 번 맞춰 보고 나면 그 조각이 어느 부분인지 알 수 있는 것처럼, 인생에서 어려운 삶의 조각들도 나에게 꼭 필요한 부분이었음을 깨닫게 된다. 더불어 앞으로 나에게 주어질 삶의 조각들이 인생이란 아름다운 그림에서 어느 부분일지 기대하게 된다. 선하신 하나님의 계획 안에 있는 이 퍼즐 조각이 분명 내 삶에 꼭 필요한 부분이리라 믿으며 두려움보다는 기대를, 불안함보다는 평안을 누리기도 한다.

토마스와 친구들, 로보카 폴리 퍼즐을 맞추며 이런 심오한 깨달음을 얻게 될 줄이야!

Track 21

2016년, 일곱 살이 된 쌍둥이들은 집을 벗어나 마을을 종횡무진 다니며 열심히 놀았다. 마을에 비슷한 또래의 아이들이 많아서 점점 "나갔다 올게요." 하며 밖으로 나가는 시간들이 늘어났고, 여름이 되자 저녁을 먹고 또 나가서 해 질 녘인 8시까지 신나게 놀다 오곤 했다.

그러던 어느 날, 실컷 놀고 집에 돌아온 승리가 내 방문을 열고 들어와서 말했다.

"아빠, 이제 저 보조바퀴 떼 주세요. 두발자전거 타고 싶어요."

그 무렵 쌍둥이들은 보조바퀴가 달린 핑크색 네발자전거를 타고 있었는데, 좀 더 큰 자전거를 타고 쌩쌩 달리는 오빠가 부러워서 그랬는지, 아니면 자연스러운 과정이었는지 모르겠지만, 어쨌든 승리뿐 아니라 선율이도 두발자전거를 타고 싶다며 보조바퀴를 떼 달라고 했다.

사실 보조바퀴를 떼 달라고 했을 때 살짝(?) 걱정된 것은 바로 다름 아닌 내 '허리'였다.

몇 년 전 한결이에게 두발자전거를 가르쳐 주며 아파트 놀이터와 길가를 배회하던 시절, 한결이가 두발자전거에 익숙해질수록 내 허리는 아파 오기 시작했다. 엉거주춤 자세로 자전거의 안장을 꽉 잡고 아이가 페달을 밟는 속도에 맞춰서 뛰는 것은, 학창 시절 학교에서 배워 본 적 없는 종합 체육이었다. 결국 속도에 못 이겨 안장을 놓고 나면 정확히 3초 안에 아이는 넘어졌다. 그러면 아이의 울음과 신경질, 손을 놓은 아빠에 대한 서운함의 감정을 오롯이 혼자 감당해야 하는 대략난감한 상황이 펼쳐졌다.

이러한 '두발자전거 코칭'을 이번에는 한 아이가 아니라 두 아이와 함께해야 하다니. 순간 머리가 어질어질했지만, 그래도 피할 수 없다면 즐겨야 할 테니 기꺼이 그러자고 했다.

한여름에 시작된 두발자전거 타기는 수많은 시행착오와 갈등 속에서 후○딘과 반창고, 듀○덤, 그리고 파스와 함께 점점 완성되어 갔다. 여름이 끝날 무렵, 이제 쌍둥이들은 제법 자전거를 잘 타게 되었다. 하지만 겁이 많은 탓에 아빠의 허리에는 관용을 베풀 줄 몰랐던 아이들은 끝까지 안장을 잘 붙잡아 달라고 부탁했다. 수시로 뒤를 돌아보며 내가 안장을 잡고 있는지 확인했고, "이제 놓을 거야."라는 말은 여전히 허락되지 않았다. 하지만 나는 그동안의 경험과 노하우를 발휘하여 계속해서 안장을 놓았고, 아이들은 스스로 두발자전거를 타고 앞으로 조금씩 나아갔다.

며칠 후, 아이들과 자전거 연습을 하던 중 이제는 됐다 싶어 처음에만 잡아 주고 속도에 맞춰 밀어 주었다. 아이들은 처음에는 조금 불안하게 비틀비틀거렸지만 이내 페달을 힘껏 밟으며 안정감 있게 앞으로 쭉 나가기 시작했다.

200일이 지나도 목을 가누지 못했던 이 아이들이 어느새 이렇게 큰 걸까? 힘껏 페달을 밟으며 혼자 자전거를 타고 가는 모습을 보고 있자니 뭉클했다. 하나님이 이 아이들을 키우셨음을, 하나님의 손길로 우리 아이들이 자라고 있음을 깨달으며 하나님께 감사드렸다.

교회보다 병원을 더 자주 가던 시절, 100일 사진을 200일에 찍었던 그 시절에는 우리 아이들이 이렇게 건강하게 잘 자랄 거라고 예상하기 어려웠다. 아이가 자라면서 만나게 되는 수많은 선택의 순간들에서 마주한 나의 무지와 부모로서의 자질 부족 또한 우리 아이들의 성장을 걱정하게 했다. 하지만 아이들의 몸과 마음이 자라 가는 모습을 지켜보면서 나는 하나님의 양육에 감탄하게 되었다.

생각해 보니 우리 아이들뿐 아니라 나도 하나님 안에서 자라고 있다. 하나님께서 우리를 구원하시고 우리가 그분 앞에 서게 될 그날까지 우리를 성화의 길로 인도하신다고 했는데, 내 삶에는 그런 것들이 잘 느껴지지 않아서 힘들었던 때가 나의 10대, 20대였다. 목사의 아들로 자라면서 어디에서 걸렸는지 딱히 알 수 없었던 '성장 강박증'은 나를 더 힘들게 했다. 몸과 마음뿐 아니라 신앙도 더 자라야 할 것 같은데, 나는 여전히 자주 주저앉고

같은 죄에 무너졌다. 내 삶 가운데 그분의 사랑이 느껴지지 않아서 나의 구원을 의심한 적도 있었다. 하지만 이렇게 힘들 때도 늘 나는 내 부족함과 의심, 흔들리는 신앙을 숨기기에 바빴다. 왠지 그래야 할 것 같았다. 나라는 사람, 나를 둘러싼 환경들, 그리고 나의 삶은 그렇게 괜찮아 보이지 않았다.

하지만 우리 아이들이 자라듯, 나도 분명히 주님 안에서 자라고 있다. 결혼을 하고, 아이들을 키우며 믿음과 사랑이 자라 갔다. 하나님께서 하시는 일들을 조금 더 자주 느끼고 경험하게 되었으며, 여전히 흔들리지만 주님께 한 발, 한 발 나아가는 삶을 놓치지 않고 있다. 늘 한 발 늦게 알게 되는 것이 아쉬웠지만, 나는 조금씩 자라고 있었다.

하나님께서 나를 그렇게 자라게 하셨다. 기쁨을 주시는 분도 하나님, 슬픔과 절망 앞에서 나와 함께하시는 분도 하나님이심을 알게 하셨다.

여전히 흔들리지만 조금씩 자라고 있는 모든 이들에게 응원을 보내며.

생각이 많은 편예요 고민도 많고
많이 흔들리며 사는 사람이죠
때론 휘청이기도 때론 무너지기도
이리저리 부딪히며 살아요
생각이 없기도 해요 실수도 많고
많이 넘어지며 사는 사람이죠
때론 상처 주기도 때론 받기도 해요
지우고 싶은 그런 날도 있죠

흔들흔들 그렇게 살아요
흔들흔들 자연스러운 일예요
오늘보다 나은 내일을 꿈꾸며
흔들흔들 또 하루 그렇게

"흔들흔들"
(같이걸어가기, Walking Humbly Vol. 1)

결혼을 하고, 아이들을 키우며
믿음과 사랑이 자라 갔다.
하나님께서 하시는 일들을
조금 더 자주 느끼고 경험하게 되었으며,
여전히 흔들리지만
주님께 한 발, 한 발 나아가는 삶을 놓치지 않고 있다.

늘 한 발 늦게 알게 되는 것이 아쉬웠지만,
나는 조금씩 자라고 있었다.

Track 22

학교에서 근무할 때였다. 남친회(남교사친목회)에 스물네 살 기간제 선생님이 들어와서 환영 모임을 가졌다. 대부분이 30대인 선생님들은 젊은 선생님이 와서 신이 났는지 이런저런 말들을 건넸는데, 대부분 "어리다.", "좋을 때다." 뭐 그런 내용이었다.

그러다가 한 선생님이 "다시 그때로 돌아갔으면……." 하면서 젊을 때로 돌아가면 참 좋겠다는 이야기를 했다. 다들 맞장구를 치며 자신의 이야기를 했다. 젊을 때로 돌아가면 이런저런 일들이 있을 거라며 다들 즐거워하는 표정이었다.

그때 부장님이 나에게 물으셨다.

"염 선생은 어때?"

나는 웃으며 대답했다.

"저는 싫어요. 지금이 좋아요. 스물넷으로 돌아가면 어떻게 또 결혼을 하고 언제 애를 키워요?"

그러자 몇몇 선생님들이 동시에 외치는 말.

"결혼은 왜 하는데?"

다 같이 한바탕 웃었다.

그래. 모두에게 결혼은 참 쉽지 않은 일이다. 하지만 모두가 그 말에 진심일 리는 없다고 생각했다. 다들 힘들고 벅찬 일상을 살고 있지만, 혼자였을 때 누릴 수 없는 벅찬 행복을 누리게 하는 게 또 결혼일 테니까.

사실 나도 성경에서 말하는 결혼의 목적에 대해 잘 알지 못했다. 하나님을 사랑하는 두 남녀가 만나 서로 사랑하고, 하나님을 잘 섬기는 것이 결혼의 전부인 줄 알았다. 하지만 성경은 거듭해서 결혼의 목적에 대해 말씀하고 계셨다. 그리스도와 교회의 관계를 결혼을 통해 증거하는 것, 그리스도께서 교회를 사랑하셨듯이 부부가 서로 사랑하고, 교회가 그리스도에게 복종하듯 서로 섬기는 것. 이를 통해 세상이 주님을 아는 것.

한참 결혼생활을 한 뒤에야 이 위대한 결혼의 목적을 깨닫게 되었다. 처음으로 그런 생각을 했다. 결혼 전으로 돌아가 이 목적을 알고 제대로 결혼을 하고 싶다는? (아니다. 언제 또 알아 가고, 언제 또 아이를 키우냐. 하하하!)

하나님의 뜻을 이루어 가며 사랑하는 삶. 이를 통해 세상이 주님을 알게 되는 그런 위대한 삶이 나의 삶에서도 펼쳐질 수 있다는 게 얼마나 큰 복인지, 생각하면 할수록 결혼하길 참 잘했다는 생각이 든다. 더불어 누군가 나를, 우리 가족을 보며 결혼에 대해 긍정적으로 생각할 수 있으면 좋겠다는 작은 소망도 가져 본다.

Track 23

2018년, 그러니까 우리 아이들이 초등학교 4학년, 2학년이 되었을 때의 일이다. 8년이라는 긴 시간 동안 육아휴직을 했던 아내가 드디어 복직을 하기로 결정했다.

쌍둥이들이 아팠고, 또 그로 인해 큰 아이도 불안감을 느껴서 이래저래 힘들기도 했지만, 아이들을 다른 이에게 맡기지 않고 우리가 직접 키우는 것이 좋겠다는 결정을 하고는, 아내는 뒤도 돌아보지 않고 긴 시간 휴직을 결정했다. 지금 생각해 보면 나도 휴직을 할 수 있었는데 왜 그때는 생각하지 못했던 건지 모르겠지만, 아무래도 육아에는 엄마의 손길이 더 필요하다는 어떤 대중적인 논리(?)가 작용하여 아내가 휴직을 하기로 했다.

그리고 나서 아이들이 2학년이 될 때까지 그 긴 시간

동안 아내는 가족들에게 집중했다. 외벌이 월급으로 세 아이를 먹이고 병원에 다니면서도 아끼고 아껴 저축도 했다. 가끔 힘들다는 말을 하기도 하고 몸살이 나기도 했지만, 아내는 불평하지 않았다.

한 번은 그런 이야기를 한 적도 있다. 휴직을 하고 아이를 키우는 이 순간이 '멈춰져 있는 시간' 같다고. 그럴 만도 했다. 나는 아이들이 태어난 이후에 교사로서 일하면서 작곡가로 데뷔도 하고 음반도 냈다. 내 꿈에 조금 더 가까이 다가갔다. 하지만 내가 꿈을 향해 가까워지는 동안 아내는 아이들 곁을 지켰다. 그런 아내의 마음을 나는 깊이 헤아리지 못했다. 미안하다고 말하면서 나의 일들을 계속해 나갔다. 그때 왜 그랬을까?

복직을 앞두고 있던 어느 날, 아내는 나에게 다시 이런 이야기를 했다. 8년간의 시간이 결코 멈춰져 있는 시간이 아니었다고. 쳇바퀴 돌 듯 매일 같은 일상을 산 것 같았지만, 하나님께서 그 안에 함께하셨고, 아이들은 이렇게 잘 자랐으며, 차마 말로는 다 꺼낼 수 없을 만큼 많은 것들을 아이들과 함께했노라며 그 시간들이 너무도 소중했다고.

그렇게 아내는 흘러간 시간들을 뒤로하고 복직을 했다. 아내는 워킹맘으로서 살림까지 다 하긴 두렵다며, 이번에는 나에게 육아휴직을 해 보면 어떻겠냐고 권했다. 마침 바쁜 삶으로 인해 건강이 좋지 않기도 했고, 새로운 앨범을 작업 중이던 나는, 이번 기회에 살림을 배워 보면 좋겠다는 생각이 들었다. 그리고 앞으로 맞벌이의 삶에 조금 더 능동적이고 유연하게 대처할 수 있지 않을까 하는 생각으로 육아휴직을 하기로 결정했다.

나의 육아휴직 소식을 들은 지인들은 다들 나에게 멋진 남편이고, 멋진 아빠라며 대단하다고 나의 결정을 응원해 주었다. 그런데 가만히 생각해 보니 이건 내가 들을 격려와 칭찬이 아닌 듯했다. 이건 긴 시간 가정을 지키고 힘쓴 아내가 받아야 했다. 심지어 8년 만에 복직하는 아내에게는, 그동안의 수고에 대한 칭찬과 복직에 대한 격려 없이 앞으로 애들은 어떻게 하냐며 워킹맘으로서의 삶을 걱정해 주는 말뿐이었다.

그때 아내에게 하지 못했던 말들을 이렇게라도 전하고 싶다.

"여보, 정말 대단해. 그리고 존경해. 긴 시간 동안 사랑으로 희생해 줘서 고마워. 나도 더 좋은 남편, 더 좋은 아빠로 이 시간들을 살아볼게. 자기 정말 멋져!"

Track 24

휴직을 하고 난 이후 가장 큰 변화는 부모님이 나를 자주 찾으신다는 거였다. 직장에 다니고 사역이라는 이름의 공연과 여러 일들을 할 때는 같은 집에 살아도 꼭 필요한 일이 아니면 가급적 부르시지 않았는데, 휴직을 하고 집에 있으니 확실히 연락이 자주 왔다. 특히 어머니는 나에게 카톡으로 자주 말을 거셨다. (우리 집은 3층 집이다. 위층에는 장모님, 가운데 층에는 우리 가족, 아래층에는 부모님이 사신다.)

"아들, 잠깐 내려와 줄래?"

"무거운 거 옮길 게 있는데, 좀 들어 줄 수 있어?"

"점심 같이 먹을래?"

이런 톡으로 나를 자주 부르시곤 했다. 대부분의 경우

는 짐을 들어 달라는 부탁이었다. 젊은 날 너무 많이 쓴 어머니의 손과 손목은 무거운 물건을 들 수 없는 상태였기에, 나는 지체하지 않고 1층으로 내려갔다. 그렇게 휴직 기간 동안 어머니의 얼굴을 더 자주 볼 수 있었다.

가을이 시작될 무렵, 공연 차 가수들과 연주자들과 함께 제주도에 가게 되었다. 함께 간 친구들 중에는 10개월 된 아이를 둔 연주자 부부도 있었는데, 쉬는 날 숙소에서 그 부부가 아이와 함께 시간을 보내는 모습을 가만히 지켜 보게 되었다. 일단, 아직 걷지 못하는 아기는 기어서 원하는 곳으로 갔다. 그리고 원하는 것을 손에 넣으려고 했다. 그러니 자연스럽게 엄마와 아빠가 아이의 손과 발이 되기 시작했다. 아이를 안아 주고, 원하는 곳에 데려다 주는 모습을 보니 '아이에게 참 헌신적이구나.' 하는 생각이 들었다.

그렇게 가만히 이들을 바라보자니 문득 우리 어머니도 내게 그러셨겠구나, 내 손과 발이 되어 주셨겠구나 싶었다. 그리고 이내 내 마음은 이제는 저리고 아프고 시큰거리는 어머니의 손과 발에 머물렀다. 오래전 나의 손과 발을 대신했던 어머니의 손과 발을 생각하니 마음이 뭉클했다.

감히 내 사랑이 어머니의 사랑에 미칠 수 있을지 모르겠지만, 이제 내가 어머니의 손과 발이 되어 드리고 싶다. 그래서 어머니께 받은 그 사랑을 조금이나마 돌려 드리고 싶다.

그대가 나의 손이 되었던 날들
그대의 손을 기억해요
그 따스한 손 고마운 손
내게 사랑을 건네주었죠
그대가 나의 발이 되었던 날들
그대의 발을 기억해요
내가 가려 했던 그곳으로
그대 언제나 함께했었죠

기억해요 고마워요
나의 손과 발이 되어 준 그대
그대의 손이 사랑이었고
그대의 발이 함께였어요
나도 그대의 손과 발 되어
늘 그대의 사랑이고파
나의 작은 사랑 받아 주오
나도 그대처럼 사랑하고파

"그대의 손"
(염평안, HOME Part. 1)

Track 25

 휴직을 하고 했던 일 중 하나는 식단표를 짜는 것이었다. 무얼 입을까는 염려하지 않지만, 무얼 먹을까는 늘 고민되는 일이었다. 더군다나 이제는 나 혼자 먹는 것이 아니라 가족들이 다 같이 먹어야 하는데, 지금껏 그랬듯 인스턴트 음식이나 밀키트로 1년을 보낼 수는 없다는 생각으로 식단표를 짜 보기로 했다.

 일단 내가 도전하고 싶은 국과 찌개를 몇 가지 고른 뒤, 요리 블로그를 뒤져 가며 내가 할 수 있는 집밥 요리를 찾아보았다. 그래도 잘 생각이 나지 않았다. 그때 문득 학교에서 매월 초 나눠 주던 한 달 치 급식 메뉴표가 생각났다. 나는 급식 메뉴표를 참고해서 3월 식단표를 만들었다.

3월 식단표

일	월	화	수	목	금	토
				1	2 순대국 된장찌개	3 베이글 소고기구이
4 참치야채죽 회식(감자탕)	5 순두부찌개 비엔나소세지/야채	6 닭갈비 라면	7 황태국 참치김치찌개	8 미역국 미역국/전병	9 베이글 목살스테이크 카레	10 베이글 목살구이/된장찌개
11 소고기무국 참깨라면	12 고등어구이 스팸두부찌개	13 두부부침 김밥	14 치킨 낙지볶음밥/계란찜	15 빵/시리얼 어묵국	16 야채소세지볶음 외식(생일 기념)	17 베이글 김치볶음밥
18 파전	19 부대찌개/만두, 전병	20 참치김치찌개 미역국/치킨	21 미역국/계란후라이 고추장불고기	22 빵/시리얼 전지살볶음	23 된장찌개 고추장불고기	24 베이글 결혼식
25 삼겹살 (구역집회)	26 된장찌개/계란후라이 떡국	27 순대국 샌드위치(외식)	28 소고기국 스팸구이	29 베이글 라면	30 황태국 꽁치김치찌개	31 베이글 계란찜/전병

식단표를 만들고 어찌나 뿌듯했던지!

이 메뉴들 중 가장 잘 만들고 싶은 메뉴는 된장찌개와 김치찌개였다. 어릴 때부터 집에서 자주 먹던 음식들이기도 하고, 왠지 이 음식들은 요리의 기본이라고 생각되어서였을까. 아무튼 열심히 했다. 특히 된장찌개는 더 잘하고 싶었는데, 된장찌개는 아내가 가장 좋아하는 메뉴였기 때문이다.

직장생활을 시작하면서 결혼하기 전까지 거의 매일 아

침마다 장모님이 끓여 주신 된장찌개를 먹고 출근했다는 아내의 이야기가 생각났다. 나도 매일 아침 아내가 먹을 만큼 맛있는 된장찌개를 끓이겠노라며 열심히 된장찌개를 연마했다.

어린 시절부터 요리에 관심이 있었던 것도 아니고, 결혼 후 주방에서의 나의 역할은 설거지나 기타 정리였기 때문에, 막상 찌개나 국을 끓이려니 블로그에 나온 단위가 큰 수저인지 티스푼인지 양을 가늠하기 어려웠다. 처음에는 뭐든지 확실히 하고 싶어서 계량컵도 사고 굳이 안 사도 되는 재료도 찾아보는 등 열심을 냈지만, 한 가지 확실한 것은 이 '요리'라는 것에도 엄연히 '소질'이라는 게 존재한다는 것이었다.

처음 몇 번 시도한 된장찌개는 뭔가 국물의 진한 맛이 느껴지지 않아서 실패했다. 이후 멸치 육수로 우려낸 국물에 된장과 고춧가루를 적당한 비율로 섞어서 양파, 두부, 애호박, 대파를 넣고 적당히 끓이자, 꽤 괜찮은 맛이 나기 시작했다. 그리고 아내가 된장찌개가 맛있다고 이야기하는 순간, 자존감이 하늘 끝까지 올라 "다음에는 무슨 요리 해 줄까?" 하고 물어보며 마치 요리사가 된 듯 들떴다. 그러나 하루가 멀다 하고 실패하는 요리들(다 타 버린 고추장삼겹살, 묽은 닭볶음탕 등)로 인해 요리에 대한 내 자부심은 오래 가지 않았다. 하지만 내가 끓인 된장찌개를 맛있게 먹어 주는 아내 덕분에, 여전히 나는 된장찌개 끓이는 것을 좋아한다.

아직 된장찌개를 싫어하는 아들은 (어른이 되면 좋아하리라 본다.) 오늘 식사 메뉴가 된장찌개라고 하면 절레절레 고개를 흔들지만, 그래도 어림없다.

이 녀석아, 엄마가 된장찌개를 싫어하기 전까지 아빠는 계속 끓일 거다!

Track 26

육아휴직을 마치고 다시 복직하면서 나는 10년 넘게 근무하던 지역을 떠나 다른 지역으로 전출을 하게 되었다. 1년간 쉬다가 새로운 학교에서 새로운 아이들을 만나 일하니 즐겁기도 했지만, 여러 생각들로 인해 마음이 복잡하기도 했다.

육아휴직을 하는 동안 사직에 대해 고민하게 되었다.
지난 몇 년간 평일에는 학교에서 아이들을 가르치며 일했고, 퇴근 후에는 틈틈이 음반작업을 했다. 그리고 주말이 되면 교회에서 맡겨진 일들을 감당했다. 그러나 "요게벳의 노래"가 알려지면서 금요일 밤이나 토요일에 잡힌 공연들로 인해 일주일 내내 쉴 수 있는 시간이 없었다. 그러다 보니 자연스레 건강이 나빠지기 시작했다. 갑상선, 혈압, 수면에 문제가 생겼다. 나에게는 휴식이 필요했다.

그뿐 아니었다. 바쁘게 살다 보니 어느 곳에서도 최선을 다하지 못하는 나를 발견하게 되었다. 맡겨진 일들을 성실히 하는 것이 나의 장점이라고 생각했었는데, 가정에서는 남편과 아빠로서의 역할에 소홀하게 되었고, 교회에서도 열심을 잃은 채 맡은 일을 겨우겨우 해내기에 급급했다.

직장에서도 크게 다르지 않았다. 열심을 가지고 좌충우돌하던 신입 교사 시절을 지나 제법 경험이 쌓인 중견 교사가 되었지만, 교직 시스템의 한계에, 몇몇 소수의 학생들과 학부모로 인한 상처들에 점점 나는 열정을 잃은 적당한(?) 교사가 되어 있었다. 아이러니하게도 이전처럼 방과 후에 아이들을 잡아 놓고(?) 가르치지 않아서인지, 아이들과 적당한 거리를 유지하며 친하게 지내서인지, 학생들과 학부모들은 나의 적당히(?) 하는 학급 운영에 오히려 높은 만족감을 보이는 듯했다.

이 모든 상황을 마주하고 있던 그때, 아내가 나에게 다시 한 번 교직을 내려놓는 것이 어떻겠냐고 물어보았다. 사실 아내는 쌍둥이들이 태어나기 전인 2009년에도 나에게 교직을 내려놓고 노래를 만드는 일에 전념하면 어떻겠냐고 물어보았다. 고작 노래 한 곡이 세상에 나왔을 때였다. 나조차 나의 가능성을 눈여겨보지 않았을 때, 아내는 고맙게도 그런 제안을 해 주었다. 하지만 어렵게 자라 왔던 나는 아내의 그런 제안이 현실적이지 않다고 생각하며 넘겼다. 경제적으로 어렵게 자라 온 나에게는 지금의 안정된 삶이 무엇보다 중요했고, 또 그때는 교직이 나의 천직이라고 생각할 만큼 열의를 보이고 있었던 때였기에 나는 아내의 제안에 동요하지 않았다.

하지만 아내의 두 번째 사직 제안에 나는 고심하기 시작했다. 내가 처한 상황뿐만 아니라 내 삶에서 '교직'의 의미에 대해서도 생각해 보게 되었다. 또 노래를 만들고 공연을 하는 '사역'에 대해서도 깊게 생각했다. 물론, 현실적인 부분에 대해서도 많은 생각을 했다. 혹여나 내가 경제적으로 가정의 필요를 돌보지 못할까 봐 두려웠다. 만약 그런 상황이 오더라도 나는 가장으로서 당당하게 우리 가족을 잘 이끌 수 있을까?

 하지만 한 가지 확실한 것은, 나는 지금 결단을 내려야 한다는 것이었다. 앞으로도 계속 이렇게 살 수는 없었다. 가족들과 함께 시간을 보내면서 머릿속으로 다른 일들을 생각하고, 또 일을 하면서 계속 가족을 생각하며 모두에게 미안한, 최선을 다하지 못하는 삶을 사는 것은 하나님 앞에서도 올바른 모습이 아니라는 생각이 들었다.

 그렇다면 나는 어떤 선택을 해야 할까? 한 번뿐인 나의 삶을 어떻게 이끌어 가야 할까? 어쩌면 내 인생에서 가장 고독하고 힘든 선택이 될 수도 있겠다는 생각이 들었다. 상황 때문에 어쩔 수 없이, 또는 가족의 바람에 떠밀려서 수동적으로 결정하고 싶지 않았다.

 결국 나는 가족들의 지지와 기도 끝에, 고독한 고민 끝에 사직을 결정했다. 앞으로 어떤 일이 펼쳐질지 무엇 하나 예상하지 못한 채, 떨리는 마음으로 새로운 인생의 페이지를 넘기기로 마음먹었다.

끝이라는 말
또 다른 시작이란 말
가만히 생각해 보면
우리 삶에 그런 건 없어

멈추지 않은 시간에
누군가 그어 놓은 선
거짓말 같은 그 선 하나가
나의 맘을 새롭게 해

또 다른 시작 새로운 인생
없을 것만 같았던 내 삶에
새로운 시작하게 해 준 너
고마워 너를 사랑해

"시작"
(염평안 사 / 양승찬 곡
아가에게-엄마가 들려주는 축복의 노래)

Track 27

2019년 여름방학이 끝날 즈음, 교감 선생님과 교장 선생님을 찾아가 사직의 뜻을 전했다. 교감 선생님은 깊이 생각하고 결정했을 거라며 응원해 주셨고, 교장 선생님은 아직 시간이 있으니 끝까지 신중하게 결정하라고 조언해 주셨다. 교장실을 나오는 순간, 이제 결정은 내려졌으니 교사로서의 남은 시간을 잘 정리해야겠다는 생각으로 집에 왔다.

그런데 그날 밤부터 심각한 불면이 시작되었다. 불안한 마음이 머릿속을 온통 헤집으며 나를 불면의 세계로 이끌었다. 몇 날 며칠 잠을 자지 못했다. 사직 이후의 삶을 상상하며 혹시라도 무슨 일이 벌어지면 어떻게 하나

두려웠다. 나를 가장 무겁게 짓눌렀던 생각은, 부끄럽게도 '혹시 경제적으로 어려워지면 어쩌지?'였다. 나는 어린 시절 가난한 집에서 태어났기 때문에 그렇게 사는 것이 익숙하고, 혹시라도 다시 그런 상황이 찾아온다 하더라도 버틸 수 있을 것 같은데, 우리 아이들은 괜찮을까 하는 염려들은 일어나지도 않은 온갖 사건 사고들을 끌어와 나를 불안하게 했다.

나는 그제야 내가 얼마나 안정된 삶에 대한 욕구가 큰 사람인지 깨닫게 되었다. 나는 경제적인 것에 대해 초연하다고 생각했지만, 사실은 아니었다. 안정된 삶을 살아야 내 삶도, 내 신앙도 잘 버틸 수 있을 것만 같았던 부끄럽고도 부정하고 싶었던 생각들이 숨겨지지 않고 내 앞에서 커다란 존재감을 드러내고 있었다. 결국 나는 하나님 앞에 나의 불안과 두려움들을 고백할 수밖에 없었다.

그렇게 나는 사직에 한 발 더 다가섰다. 부모님께도 이 결정을 알렸다. 몹시 당황하며 반대하실 수도 있겠다고 생각했던 양가 부모님들은 내 의견을 존중해 주셨다. 그리고 내 결정을 지지하고 응원해 주셨다.

아버지는 1층 방 하나를 나에게 내어 주셨다. 외할머니가 살아 계실 때 쓰셨던 방을 음악 작업실로 만들기로 했다. 외부 업체를 불러서 공사를 할까 생각했지만, 비싼 가격에 포기하고는 아버지에게 공사를 부탁드렸다. 아버지는 흔쾌히 수락해 주셨고, 3주간의 공사 기간을 거쳐 작업실이 완성되었다. 그리고 이제 여기서 나의 'Music Life'가 시작되겠구나 하는 마음에 들떴다. 교직생활의 마지막 방학 기간 동안 공연과 집회 차 미국에 다녀오고 난 뒤, 나는 3월부터 있을 나의 하루 일과를 미리 생각해 보았다.

>기상 후 운동
>아이들 아침 챙겨 주기
>아이들 학교 데려다주기
>설거지와 빨래, 건조, 청소 등 집안일
>10시 이전에 작업실 입성
>커피 한 잔과 함께 말씀 읽기와 기도
>다양한 음악 감상을 시작으로 작업에 몰두

생각만 해도 설렘 가득한 뮤지션 가장의 삶이었다.

이러한 설렘을 키워 가며 2월을 보내는데, 낯선 불청객이 찾아왔다. 바로 다름 아닌 '코로나19'. 미국에서 돌아왔을 때만 해도 시끌벅적하긴 했지만 그리 큰 변화는 느끼지 못했는데, 2월 중순을 지나자 정부에서 모임과 단체, 교회 등의 방역에 대한 조치를 하나둘씩 내리면서 분위기가 점점 심각해졌다.

그리고 사직서가 수리되던 2월 마지막 주, 3월부터 5월까지 잡혀 있었던 20여 개의 공연 일정들이 일주일 안에 모두 취소되었다. 순식간에 나는 프리랜서에서 백수가 되었다. 전화가 올 때마다 깜짝 놀라며 긴장한 채 전화를 받아야 했고, 공연과 집회를 할 수 없는 이 막막한 현실을 하소연하는 분들에게 나는 그저 친절한 말투와 흔들리는 웃음으로 대응할 수밖에 없었다.

딱 그 상황이었다. '혹시 이렇게 되면 어떻게 하지?' 생각했던 일들이 하나둘씩 일어나고 있었다. 모두 사라진 줄 알았던 불안에 대한 공포감이 다시 나를 에워싸기 시작했다. 할 일 없는 작업실에 앉아서 나는 작업물을 올리는 대신 두려움의 눈물을 흘렸다. 한 번도 흘려 본 적 없는 종류의 눈물이었다. 드라마나 영화를 보다가 가끔씩 눈물을 흘린 적은 있지만, 알 수 없는 내일에 대한 두려움에 이렇게 눈물이 나긴 처음이었다. 어쩌면 불확실한 미래 때문에 두려워하는 20대가 느끼는 감정들을 마흔이 되어서야 뒤늦게 겪는 것 같았다. 하지만 20대와 다른 점이 있다면 지금의 나는 불혹의 나이가 되었고, 나에게는 책임져야 할 가족이 있다는 것. 가장인 내가 이렇게 눈물을 흘리는 것이 뭔가 떳떳하지 못한 것 같아 한동안 나는 이 두려움을 숨기려고 애썼다.

그렇다고 마냥 이 두려움 앞에 주저앉아 있을 여유도 없었다. 코로나19로 인해 아이들은 모두 학교에 가지 않았다. 학교 수업은 온라인 가정학습으로 전환되었다. 학교가 세워진 이후 처음으로 실시되는 온라인 학습에 학교는 버벅거렸고, 아이들은 툭 하면 작업실에 있는 나를 호출하기 일쑤였다. 뭐가 안 된다는 둥, 이건 어떻게 해야 되는 거냐며 아빠를 열심히 써먹었다. 어쩌겠나. 내 새로운 직업을 '온라인 학습 도우미'로 인정하는 수밖에. 나는 아이들의 학습을 돕고, 전혀 계획에 없었던 점심까지 차려 주어야 했다. 커피 한 잔의 여유, 음악을 들으며 달콤

한 쉼을 누릴 수 있을 거란 나의 야무진 계획은 그야말로 물거품이 되었다. 그러나 다행히도 감사한 것은 이 실망이 오래가지는 않았다는 것이다. 나는 자연스럽게 나의 자리를 찾게 되었다.

이런 생각도 해 보았다. '만약 내가 사직을 하지 않고 계속해서 학교를 다녔으면 어땠을까?' 생각만 해도 아찔했다. 나도 처음 해 보는 온라인 수업을 제작하느라 눈코 뜰 새 없이 바빴을 것이고, 집에는 사춘기 아이들 세 명만 덩그러니 남아 공부도, 밥도 스스로 해결해야 하는 상황이었을 것이다. 퇴근 후 아내와 나는 지친 몸을 이끌고 집에 와 곧바로 밀린 집안일과 아이들이 해결하지 못한 문제들을 들어주고 해결하느라 힘겨운 밤을 보냈을 것이다.

하지만 그런 일은 일어나지 않았다. 나는 오랜 시간 아이들 곁에 머물렀다. 어쩌면 지난 몇 년간 마땅히 있어야 했던 자리인데, 그제야 있게 된 건지도 모르겠다. 사춘기의 문턱에 접어든 세 아이와 함께 집에서 시간을 보내는 것은 때때로 악몽(?) 같은 시간이었지만, 그래도 그때 내가 그 자리에 있어서 얼마나 다행인지 모른다.

하나님께서 내 인생을 생각지 못한 방향으로 이끄신다는 것을 또 한 번 깨닫게 되었다. 내 인생뿐만 아니라 우리 가족의 삶도 그렇게 보호하시고 인도하시는구나 몸소 깨닫는 시간들이었다. 한 발 늦게 알게 되는 하나님의 은혜. 늘 한 발 늦는 것이 아쉬워서 다음에는 그때 그때 내 삶에 흐르고 있는 하나님의 은혜를 깊이 느끼며 찬양할 수 있으면 좋겠다고 생각했지만, 가끔은 그런 생각도 든다. 한 발 늦게라도 깨달은 게 어디야!

평범했던 일상이 어그러지면
당연했던 오늘이 주어지지 않으면
그제서야 보이고 들리는 주의 은혜

일상을 되찾기 위해 노력하면 할수록
아무 일 없는 내일을 꿈꿀수록
그제서야 고백하게 되는 주의 은혜

"주의 은혜"
(미발표곡)

Track 28

 작업실에서 일을 하고 있는데, 어머니가 노크를 하셨다. 어머니는 급히 심방 갈 일이 있다며 차를 써도 되냐고 물으셨고, 나는 별 고민 없이 그러시라고 말씀드리고는 계속 일에 몰두했다.

 얼마나 지났을까. 어머니가 다시 작업실 문을 두드리셨다. 조금 곤란한 표정으로 들어오시더니 말씀하셨다.
"평안아, 미안해서 어쩌니. 심방 갔다 나오다가 차 오른쪽을 쭉 긁었어."
 조금 당황하긴 했지만, 이미 많이 긁어 놓은 나의 흔적 위에 덧칠을 하셨겠지 생각하며 이 역시 별 대수롭지 않게 여겼다. 하지만 어머니는 연신 미안해서 어떡하냐며 내 옆에 머무셨다. 도대체 얼마나 긁었길래 그런가 싶어 나가 보았더니, 정말 길고 검은 줄 하나가 차 오른쪽에 그어져 있었다. 순간 당황했지만 손으로 만져서 비벼 보니 열심히 닦으면 지워지겠다 싶었다. 나는 물티슈와 걸레를 들고 마당으로 나왔다.

하지만 생각보다 쉽게 지워지지 않아서 한참을 땀을 뻘뻘 흘리며(원래 땀이 많다.) 차에 그어진 검은 선을 지워야 했다. 단순 노동을 하다 보니 이 생각 저 생각이 들었다. 그러다 문득 '어머니는 이게 뭐라고 나한테 이렇게 미안해하시지?' 하는 생각이 들었다. 나는 자라면서 이제껏 어머니 가슴에 무수히 많은 못을 박았을 텐데, 어머니가 잘못한 일이라면 따박따박 따져 가며 그렇게 몰아붙이기도 했는데······.

5학년 때였던 것 같다. 그때는 집이 어려우니 옷을 살 형편이 안 돼서 옷을 물려 입는 일이 많았다. 그해 여름, 어머니가 나에게 건넨 반팔 티셔츠가 눈에 익었다. 옆집 누나가 입던 옷이었다. 멀쩡했고, 여성적인 옷도 아니었으며, 심지어 그 누나가 자주 입던 옷도 아니었다. 그런데 괜히 싫었다. 그래서 어머니에게 바락바락 우기며 절대 그 옷을 입지 않겠다고 떼를 썼다. 평소에 그러지 않던 애가 괜한 고집을 피운다고 여기셨는지 어머니는 나를 크게 혼내셨다.

오랜 시간이 지나 성인이 되어서 우연히 어머니와 이 이야기를 나누게 되었다. 아무렇지 않게 지난 과거를 회상하는 나와는 달리, 어머니는 눈물을 글썽이며 말씀하셨다.

"어려워서 그랬지 뭐."

부모가 되어 그날을 회상해 보니 어머니의 마음을 알 것 같아 눈물이 났다. 어머니는 그날 얼마나 속상하셨을까. 하나밖에 없는 아들에게 옷 하나 사 입히지 못하는 부모의 마음은 오죽했을까 생각하니 가슴이 미어졌다.

어머니가 날 이렇게 키워 주셨는데, 내 어리석음과 실수도 다 어루만져 주셨는데, 내가 기억하지 못하는 많은 날들, 나의 부끄러움과 수치를 어머니는 다 이해해 주고 감싸 주셨는데, 나는 어머니에게 그러지 못했다.

땀인지 눈물인지 모를 것들이 내 얼굴을 흠뻑 적시고

나서야 차는 깨끗해졌다. 그리고 그날 창피해서 말하지 못했지만 언젠가 어머니에게 꼭 말씀드리고 싶다.

"어머니, 내 앞에서는 모두 괜찮아요. 작아지지 마요. 내 곁에 오래 머물러 주세요."

엄마 작아지지 마요
누구나 그럴 수 있잖아요
엄마 작아지지 마요
내 앞에선 모두 괜찮아요

작고 어린 날
이만큼 자라게 했잖아요
어리석음도 실수도
어루만져 줬잖아요

내가 기억 못하는
수많은 부끄러움도
감싸 줬잖아요
엄마 작아지지 마요

"엄마 작아지지 마요"
(미발표곡)

Track 29

 코로나19로 인해 인생은 한 치 앞도 볼 수 없는 안개와 같다는 말이 깊이 와닿았던 2020년 봄, 나에게는 여러 일들이 일어났다.

 퇴직을 하면 뭘 할까 고민하던 중, 다른 활동들과 함께 그동안 찬양을 업로드해 왔던 유튜브 채널을 조금 더 활발하게 운영해 봐야겠다는 생각이 들어 퇴직금으로 영상 장비를 구입했다. (카메라와 렌즈, 그리고 조명 장비를 구입해 놓고 혼자 '이게 내 연금이 되어야 할 텐데…….' 생각했던 밤이 떠오른다.) 그리고 유튜브에 있는 많은 선생님들의 교육 영상을 참고하며 영상 촬영을 시작했다. 시간이 날 때마다 틈틈이 영상을 업로드해야겠다고 생각하며 열의를 다지고 있었는데, 그만 공연을 비롯한 다른 모든 활동

계획들이 다 취소되고 말았다. 시간이 참 많아졌다. 내가 할 수 있는 유일한 일은 찬양 영상을 만들어 유튜브에 업로드하는 것이었다. 그래서 나는 같이 활동하던 친구들과 함께 찬양 영상 작업에 매진했다.

그렇게 몇 달을 보냈을까. 미국에 있는 한인교회에서 연락이 왔다. 찬양사역자를 초대하고 싶은데 그럴 수가 없으니 찬양집회 영상을 촬영해서 보내 달라고 했다. 이전 같았으면 전혀 할 수 없었을 일이지만, 코로나19 기간을 보내면서 남아도는 시간을 모두 쏟아부은지라 그리 어렵게 느껴지지 않았다. 그렇게 찬양집회 영상을 찍어 보내는 일이 시작되었다. 몇몇 교회에서는 특송 영상을 찍어서 보내 달라고 하셨다. 그러다가 유튜브 온라인 공연과 집회에 초대되기 시작했다. 그리고 그해, 우리는 이전보다 훨씬 더 많은 공연을 하게 되었다. 정말 상상할 수 없는 일이었다.

그리고 그맘때쯤 함께 자주 만나고 동역해 온 크리스천 아티스트들인 조찬미, 임성규, 오벧, 준하와 나의 노래들을 내 유튜브에 업로드해서 같이 홍보하면 좋겠다는 생각이 들었다. 유튜브 명을 '염평안 오피셜'에서 '히스킹 덤뮤직'으로 바꾸고, 열심히 커버 영상과 음원 뮤직비디오 영상들을 업로드했다. 이것이 발전되어 다음 해에는 '히스킹덤뮤직'이라는 기획사를 만들게 되었다. (지금은 박수진, 이상현, 장근희 님도 기획사에 합류해서 총 9명의 아티스트가 있는 중형(?) 기획사가 되었다.)

인생은 참 알 수 없다. 아니, 내 인생을 계획하시고 인도하시는 하나님의 지혜와 선하심, 은혜를 감히 헤아릴 수도 없고 다 알 수도 없다.

> "우리가 알거니와 하나님을 사랑하는 자 곧 그의 뜻대로 부르심을 입은 자들에게는 모든 것이 합력하여 선을 이루느니라" (롬 8 : 28).

하나님의 말씀이 진리임을 삶으로 깨달을 뿐이다.
하나님께서는 예상치 못했던 코로나19 때문에 힘들어하던 시간마저 아름답게 바꾸셨다. 절망의 밤도, 불안한 마음을 숨기지 못했던 날도 하나님은 그 모든 것들을 통해 하나님을 보게 하셨고, 의지하게 하셨으며, 하나님께서 하시는 일들을 볼 수 있는 눈을 열어 주셨다. 내 힘으로 한 것이 아무것도 없다는 것, 나의 작음과 그분의 크심을 고백하고 그 어느 것 하나 그분의 은혜가 아닌 것이 없음을 다시 한번 고백한다.

삶이란 긴 여행
그 길의 시작엔 알 수 없었죠
아무것도 보이지 않았죠

삶이란 긴 여행
그 길의 끝에서 뒤돌아보니
그 시간 그 여정
모두 선물 같아요

그 어느 것 하나
그의 은혜 아닌 것 없고
거칠고 험한 그 길에도
함께했던 그의 흔적

인생 그의 선물
그의 사랑 그의 은혜 가득했던 긴 여정
그 길의 끝엔 영원한 축복이
영원한 삶이

"인생"
(임성규 1집, 주님의 빛)

절망의 밤도,
불안한 마음을 숨기지 못했던 날도

하나님은 그 모든 것들을 통해
하나님을 보게 하셨고,
의지하게 하셨으며,
하나님께서 하시는 일들을 볼 수 있는 눈을
열어 주셨다.

Track 30

코로나19가 잠잠해지면서 공연 일정들이 조금씩 늘어나기 시작했다. 여전히 마스크를 쓰고 있는 성도님들의 눈만 보며 공연을 해야 했기에 조금은 무섭고(?) 어색한 분위기였지만, 감사하게도 처음 보는 분들과 함께 한 하나님을 섬기고 있음을 느끼는 그 시간들은 나에게도 많은 격려와 도전이 되었다.

한 가지 흥미로웠던 점 중 하나는 "요게벳의 노래"가 알려지면서 우리(같이걸어가기 팀)를 어머니 기도회나 30대, 40대 가정 모임에 초대해 주시는 교회가 많아졌다는 것이다. 그분들은 자연스레 '가족'에 대한 노래와 이야기를 나누어 달라고 요청하셨고, 그 중심에는 "요게벳의 노래"

가 있었다.

매주 "요게벳의 노래"의 비하인드 스토리를 전해야 하는 나는 점점 부담이 되기 시작했다. 비하인드 스토리를 듣는 분들이 나를 마치 아이들을 하나님께 온전히 맡겨 드린 믿음의 사람으로 바라보시는 것은 아닌지 염려되었다. 그분들의 눈빛은 나를 점점 더 작아지게 했다.

사실 나는 지금 사춘기에 입성한 세 아이를 키우고 있기에, "요게벳의 노래"를 만들었을 때의 그 마음을 많이 잃어 가고(?) 있다. 감정 기복이 심해진 아이들의 투정과 짜증을 받아 내기에는 내가 너무 작은 그릇임을 깨달으며, 동시에 가끔은 아무도 몰래 이 아이들을 나일강으로 보내고 싶다는 악랄한(?) 생각을 할 때도 있다. 그런 상황에서 가족에 대한 이야기를 나누고, 찬양을 하는 공연들은 가끔씩 내 마음을 무겁게 짓누르기도 했다.

하지만 야속하게도, 동시에 너무 감사하게도 그런 공연들은 계속되었다. 2021년에 발매되었던 EP 앨범 〈Home part. 1〉의 수록곡인 "이 아이들을 만나 주세요"가 덩달아 알려지면서, 가족에 대한 이야기는 공연에서 떼려야 뗄 수 없는 이야기가 되었다.

결국 나는 나의 마음을 솔직하게 고백하기로 마음먹었다. "요게벳의 노래"가 끝나고 눈물을 훔치는 성도님들께 죄송하지만 지금은 이 노래를 썼을 때의 마음을 많이 잃어버렸노라고 나의 현재를 고백했다. 실망(?)하실 수도 있겠다는 내 예상과 달리, 내 고백을 듣고는 폭풍 공감을 해 주시는 분들도 있었다. 나일강으로 아이들을 보내고 싶을 때도 있다는 이야기에서는 조금 전과는 다른 종류의 눈물을 흘리며 포복절도하기도 하셨다. 또한 폭풍 공감까지는 아니더라도 나의 고백에 이해한다는 따뜻한 눈빛을 보내 주시는 분들도 계셨다. 그렇게 나는 조금 가벼워졌다. 더 솔직하고 편안하게 하나님께서 내게 허락하신 가정에 대해 나눌 수 있게 되었다.

그리고 얼마 후, 몇몇 기독교 NGO 단체와 선교 단체에서 동역해 달라는 제안을 해 주셨다. 우리 팀은 홀트아동복지회와 컴패션 등의 단체들과 함께 공연을 하기도 했다. 그리고 2023년 주거환경이 열악한 분들에게 집을 짓고 마음을 짓고 희망을 전하는 NGO단체인 한국 해비타트를 만나게 되었다. 첫 미팅 때 들었던 한국 해비타트의 모토가 기억난다. 단순히 집을 지어 주는 것을 넘어 '가정'의 따뜻한 보금자리를 만들어 주는 것을 목표로 한다는 것. 이후 우리 팀은 한국 해비타트의 교회 협력 홍보대사로서 기쁜 마음으로 이 일에 함께하고 있다.

여전히 가족에 대해 말한다는 것은 조심스럽다. 나의 작음을 드러내는 것 같아 두렵고, 별것 아닌 나를 포장하는 것 같아 부담스럽다. 하지만 하나님께서 하시는 일 앞에 겸손히 나의 작음을 드러내야겠다는 생각은 점점 분명해진다. 그리고 나를 사용해 주시는 하나님의 손길에 내 삶을 맡기고, 나도 그분 안에서 진정한 평안을 누리길 원한다.

"요게벳의 노래" 가사처럼, 삶의 참 주인 되시는 하나님께 나의 모든 삶을 맡겼노라고 그렇게 고백하는 오늘과 내일이 되길 소망하며.

| 에필로그 |

과도기.

인생이라는 게 늘 과도기겠지만, 가족에 대한 글을 쓰는 지금 지나간 시간들과 현재 우리 가족을 돌아볼 때 생각나는 단어가 바로 '과도기'였다. 다 피지 않은 꽃, 완성되지 못한 노래의 악보를 보는 기분이랄까.

아내와 나의 결혼생활은 서로를 향한 뜨거운 마음 대신 그 아쉬움을 채우고도 남는 존중과 배려가 깊은 사랑을 드러내고 있다. '건강하기만 하면 좋겠다.', '하나님께 너의 삶을 맡긴다.'라고 고백하게 했던 우리 아이들은 이제 모두 사춘기에 접어들었다. 모두 70이 넘은 세 부모님(아버지, 어머니, 장모님)은 은퇴 후의 여유로움과 날이 갈수록 시들어 가는 육체의 언밸런스 속에서 노년에 하나님께서 주시는 지혜들을 알아 가고 계신다.

결혼 후 어떤 삶이 나에게 펼쳐질지 알았다면 아마 나는 감히 결혼을 할 용기를 내지 못했을지도 모른다. 하지만 결혼 후 펼쳐진 모든 일들은 하나님께서 나에게 베풀어 주신 가장 큰 은혜였다. 하나님께서는 결혼을 통해 사랑 없는 나에게 사랑을 가르쳐 주셨고, 교만했던 나에게 겸손을 가르쳐 주셨다. 자녀를 양육하며 하나님 아버지의 사랑을 더 깊이 느낄 수 있었고, 부모님과 함께하는 시간들을 통해 하나님께서 사랑 없는 나에게 사랑을 가르쳐 주시려고 부모님을 보내 주셨음을 알게 되었다.

좀 더 좋은 남편, 좋은 아빠, 좋은 아들이 되고 싶다. 그리고 그 과정에서 부족한 나를 발견하고 크신 하나님을 알아 가는 시간을 경험하고 싶다. 날로 새로운 인생은 아니어도 하나님께서 허락하신 이 가정 안에서 서로 사랑하며 그분이 주신 행복을 만끽할 수 있다면, 나는 기꺼이 그 지루함에 머무를 수 있을 것 같다.

끝으로 고마운 분들의 이름을 적어 보며 글을 마치려 한다.

하나님.

글을 쓸 수 있도록 권해 주신 김은희 과장님과 한국장로교출판사 직원 분들.

여전히 나를 키우고 계시는 부모님과 글에는 담지 않았지만 아빠의 모난 모습에 쩔쩔매는 한결, 선율, 승리.

그리고 늘 마지막은 이분이어야 할 것은, 사랑하는 아내 정아.

2023년 봄
염평안

허밍홈

초판발행	2023년 8월 18일
2쇄발행	2023년 9월 11일
지은이	염평안
펴낸이	박창원
발행처	소북소북
주 소	03128 / 서울시 종로구 대학로3길 29, 신관 4층(총회창립100주년기념관)
편집국	(02) 741-4381 / 팩스 741-7886
영업국	(031) 944-4340 / 팩스 944-2623
홈페이지	www.pckbook.co.kr
인스타그램	pckbook_insta **카카오채널** 한국장로교출판사
등 록	No. 1-84(1951. 8. 3.)

책임편집 정현선 **일러스트** 김소영
편집 이슬기 김은희 이가현 강수지 **디자인** 남충우 김소영 남소현
경영지원 박호애 최지영 **마케팅** 박준기 이용성 성영훈

ISBN 978-89-398-7003-1
값 11,500원

소북소북은 한국장로교출판사의 출판 브랜드입니다.

※ 이 출판물은 저작권법에 의해 보호를 받는 저작물이므로 무단전재와 무단복제를 할 수 없습니다.